# 大和魂のゆくえ

島田裕巳
Shimada Hiromi

# 目次

＊引用資料の旧字・異体字は、読みやすさを考慮して通字に改め、ルビ等も適宜補った。
＊旧暦と新暦では月日にずれがあるため、旧暦で月日がともなう表示では和暦を主とした。
なおその場合の月日はカッコ内の西暦に対応しない。

# はじめに

ギリシア神話にオイディプスの物語がある。

これは、現代でも演劇の作品として上演されることがあるので、多くの人たちがどういう物語なのかを知っていることだろう。

オイディプスは王家に生まれるが、将来、父親を殺し、母親と交わると予言された。恐ろしい予言だ。王は、この予言を聞いて、生まれた子どもを従者に捨てさせる。ところが、従者は、子どもを殺すのは忍びないと考え、羊飼いに渡してしまう。それでオイディプスは生き延びることとなる。

だが、それが悲劇のはじまりだった。オイディプスは、予言通りの道をたどることになるからだ。

オイディプスは、それと知らないまま、父親の王を殺害してしまう。それによって王となり、母親と交わる。そのことが明るみに出ると、母親は自殺してしまう。

精神分析学の創始者、ジークムント・フロイトが、この物語から、「エディプス・コンプレックス」の概念を導き出したことは、よく知られている。日本では、神話についてはオイディプス、フロイトの概念についてはエディプスと表記されることが多い。フロイトは、子どもには、父親をなきものとし、母親を独占しようという根源的な欲望があるが、それは、強力な父親の前に抑圧されると説いたのである。

オイディプスが王を殺害してしまった後、怪物のスフィンクスを退治することになる。スフィンクスは、ギリシアの神話だけではなく、メソポタミアやエジプトの神話にも登場する。その巨大な像は、エジプトのギザにあり、その背後にはカフラー王のピラミッドが聳《そび》えている。

スフィンクスは、「朝は四脚、昼は二脚、夜は三脚で歩くものは何か」という謎かけをして、それが解けない人間たちを食い殺していた。オイディプスは、この謎かけに対して、「人間だ」と答える。

人間は、赤ん坊の時期にははって四本脚で歩き、成長すると二本脚で立って歩けるようになる。老いると、杖をつくようになり、それで三本脚だというわけである。謎を解かれたスフィンクスは、山から身を投げて死んでしまう。

スフィンクスの謎かけは、オイディプスには通用しなかったわけだが、この問いには、人間というものの本質が示されている。

人間は、他の動物とは異なり、生まれてすぐに立つことができない。個人差はあるが、立てるようになるまで一年はかかる。人間は保護されなければ生きられないよう、最初から定められている。自分を育て、守ってくれる家族や共同体が欠かせないのだ。

そして老いれば、杖という道具に頼らざるを得ない。だが、それができるのは、やはり動物のなかでも人間に限られる。老いは、どの動物にも共通して訪れることだが、道具を使ってそれを乗り越えられるのは人間だけである。要するにスフィンクスは、人間に対して、お前たちの本質は何かを問いかけたのである。本質的な問いであるにもかかわらず、人間は、うまくそれに答えられないのだ。

このスフィンクスによる謎かけから、本書のテーマである「大和魂」の話をはじめたのは、日本人にとって、解くことが難しい重大な問いがあり、今やそれを解くことが求められているからである。

それは、名著として名高い新渡戸稲造《にとべいなぞう》の『武士道』の冒頭に出てくるものである。

新渡戸は、『武士道』を刊行する一〇年ほど前、ベルギーで法学の大家であるド・ラブレーという人物の家に滞在したことがあった。その際、ある日の散歩の途中、話題は宗教の問題に向かったという。

そのとき、新渡戸はド・ラブレーから、「あなたのお国の学校には宗教教育はない、とおっしゃるのですか」と尋ねられた。

この問いに対して、新渡戸は、「ありません」と答えてしまった。するとド・ラブレーは、突然立ち止まり、「宗教なし！　どうして道徳教育を授けるのですか」とさらに尋ねてきたのだった。

この問いに対して、その場で新渡戸はうまく答えることができなかった。だがそれは、重大な問いだ。その後新渡戸は、日本人の道徳の源泉に何があるのかを問う作業を続け、そこで、武士道に行き着いた。新渡戸が武士の家の生まれであったことが、そこに影響した。

新渡戸が問われたのは、日本人の道徳の根源がどこに求められるのかということである。それは、日本人の精神の拠り所となるものは何かという問いでもある。

今、新渡戸が問われたことを、同じように外国人から問われたとしたら、私たち日本人はどのように答えるのだろうか。幸い、新渡戸は『武士道』の本を残してくれているので、それに従って、「武士道がありますと答えればいいのだろうか。」

そこには問題がある。新渡戸は、『武士道』のなかで、「武士道は一の独立せる倫理の掟《おきて》としては消ゆるかも知れない」と述べており、武士がいなくなった近代の社会では、武士道が滅びていかざるを得ないことを認識していた。

『武士道』が英語で刊行されたのは一八九九年のことで、それからすでに一二〇年の歳月が流れている。武士道は、新渡戸の時代以上に過去のものとなってしまった。『武士道』が書かれたころには、まだ、かつて武士であった人間が日本には存在した。だが、今は、武士であった人間は一人も残っていない。軍隊を経験している人間でさえ、ほとんどいなくなっている。

その点で、新渡戸が問われた事柄は、スフィンクスによる問いとは異なり、未だに正しく答えられていないことになる。

その問いは、極めて重要なものであり、現代になればなるほど、その重要性は増している。だからこそ、現代においても、『武士道』が読み継がれているのではないだろうか。

私たち日本人の精神の拠り所を求めて、読者は、未だに『武士道』を手に取るのである。

『武士道』の本についてはいろいろと興味深いところがある。ここで注目しなければならないのは、その英語による原題である。原題は、“Bushido: The Soul of Japan”というものだった。

現在までに、『武士道』はさまざまな形で翻訳されている。おそらく、もっとも広く読まれているのは、戦後、東京大学総長もつとめた矢内原《やないはら》忠雄が訳した岩波文庫版だろう。これは戦前の一九三八年に刊行されている。

原題と岩波文庫版のタイトルとを比較したとき、はっきりしているのは、翻訳では、“The Soul of Japan”という副題が削られていることである。これは、他の『武士道』の翻訳にも共通して見られることで、副題がタイトルに含まれているものはない。『武士道』の最初の日本語訳は、一九〇八年の櫻井鷗村によるものだが、そこでも、タイトルは『武士道』となっており、副題は含まれていない。それが、今日にまで受け継がれた形になっている。

“The Soul of Japan”を訳せば、「日本の精神」となる。だがそれは、「大和魂」と訳すこともできる。『武士道―大和魂』という邦題にすることもできたはずである。『武士道』と『武士道―大和魂』とでは、受ける印象はかなり異なるのではないだろうか。

一八八〇年に来日し、一九一二年まで日本に滞在したフランス人のカトリックの神父に、アルフレッド・リギョール（あるいは、リギョルとも）がいた。リギョール神父は数多くの著作を発表しているが、それらは、彼の弟子となった司祭の前田長太などの手によって翻訳されている。内容は多岐にわたり、キリスト教の信仰についてだけではなく、家庭や教育、人生論に及び、冊数は約八〇冊にも達した（山梨淳「近代日本におけるリギョール神父の出版活動とその反響」『カトリック研究（79）』二〇一〇年）。

リギョール神父が一九〇一年に刊行したものに、『倫理叢書　文明之武士』という著作がある。翻訳者は前田である。この本の第一章は「武士道と大和魂」と題されていて、冒頭の部分では、新渡戸が『武士道』を英文で刊行したことが紹介されている。リギョール神父は、『武士道』が日本の読書社会において好著として迎えられたとしてはいるが、同時に、英文のため、多くの日本人はこれを読むことはできないとも述べている。このリギョールのものが、『武士道』について書かれた最初の本になったのではないだろうか。

リギョールの本のなかで、大和魂という訳語が用いられているのは、前田の考えによるものだろう。原文は確認できていないが、リギョール神父は、フランス語で〝Esprit japonais（日本の精神）〟と書いていたはずである。〝Bushido〟の副題がそうなっていたからだ。

新渡戸は、日本人の道徳の根源を尋ねてきたド・ラブレーの問いに答えることができなかった。ド・ラブレーは、キリスト教の信仰にもとづいて、道徳の根源には宗教がなければならないと信じていた。新渡戸も札幌農学校の学生だった時代にキリスト教に入信している。それ以降、生涯にわたってその信仰を捨てなかった。その点で、ド・ラブレーの見解に賛同するところは大いにあったはずだ。

だが、日本ではキリスト教は大きくは広がっていない。日本人全体が、キリスト教にもとづく道徳観を共有しているわけではない。

では、神道や仏教が、ヨーロッパのキリスト教と同じ役割を果たしているのだろうか。新渡戸にはそうは考えられなかった。それは、現代の私たちにも共通している。もし、私たちの目の前にド・ラブレーがふたたび現れ、新渡戸に対して発したのと同じ問いを投げかけてきたら、私たちはどのように答えるのだろうか。私たちは、それに対して答えを持っているのだろうか。

道徳の根源にあるものは、善とは何か、悪とは何かを規定する。それは、私たちの生き方と深くかかわっている。

新渡戸がその点について深く考えなければならなかったのは、日本が明治の時代になり、近代化を進めていくことが急務となったからである。日本の前には、近代化をすでに果たしていた欧米列強が立ちはだかっていた。欧米列強に追いつくことが、近代日本国家の最大の目標だった。

近代化は、たんに産業をもり立て、社会制度を整備していくことだけでは実現されない。近代化を進めていく社会に生きる人々の精神のあり方というものも、古い封建的なものから、新しい近代的なものに刷新されていく必要があった。

江戸時代の武士社会においては、儒教が道徳観の根底に据えられていた。新渡戸は、そうした武士社会の道徳を、武士道としてとらえ直すことで、それがキリスト教の信仰を基盤としたヨーロッパの「騎士道」に匹敵する高度な精神性を持つものであることを証明しようとした。

その試みは、一応の成功をおさめ、『武士道』は各国語に翻訳された。岩波文庫版におさめられた「増訂第十版序」（一九〇五年）において、新渡戸は、『武士道』がインドのマーラッタ語、ドイツ語、ボヘミヤ語、ポーランド語に翻訳され、ノルウェー語、フランス語、中国語の翻訳も準備中であると述べていた。

そして、「ある信頼すべき筋からえた報知」として、アメリカのセオドア・ルーズヴェルト大統領が、『武士道』を読み、友人たちの間に配ったということを聞いたと述べている。ルーズヴェルトは軍人であり、その点で、武士の生き方、さらには、『武士道』で詳しく述べられた武士の死に方に共感したのであろう。

しかし、現代においては、日本人の道徳観の根本に武士道があると主張することは難しい。新渡戸も認めているように、そもそも武士が存在しなくなって一五〇年が経った。現在の日本社会において、道徳の源泉を武士道に求めることは時代錯誤と言われかねない。

では、『武士道』の副題ともなった大和魂の方はどうなのだろうか。

現代の社会では、グローバル化が著しく進行している。それは、平成の時代がはじまるとともに起こった「ベルリンの壁崩壊」によって東西の冷戦構造が崩れたことで、急速に進行した。とくにインターネットの発展は大きく、情報は瞬時に世界全体に伝えられるようになった。人の流れ、金の流れも、国を越えて世界に広がった。

日本にも多くの人が海外からやってきて、在留する外国人も大幅に増えてきた。その一方で、少子高齢化によって、日本は人口減少社会に突入している。コロナウイルスの流行によって社会不安が高まるという事態も起きている。そうなると日本という国の力はひたすら衰えていくのだろうか。それを放置してしまっていいのか。そうしたなかで、自分たちのアイデンティティーをどこに求めたらいいのだろうか。日本人らしさということを失ってしまっていいのだろうか。そうしたことを改めて問わざるを得ない状況に立ち至っている。

日本人の精神、日本人の魂は、これからどこへ向かっていくのだろうか。大和魂のゆくえを確かめることが、この本の課題なのである。

# 第一章　現在の問題として考える

## 彼には大和魂がある

この本のテーマは、日本人の精神のゆくえについて大和魂という観点から考えていくことにある。

その際に出発点として役立つ一冊の本がある。

それが、田中マルクス闘莉王《トゥーリオ》『大和魂』である。著者は著名なサッカーの選手だったが、二〇一九年のシーズンをもって現役を引退した。二〇年の四月二四日で三九歳になった。

田中選手は、ディフェンスの要であるセンターバックをつとめてきた。二〇〇六年にはA代表に選ばれ、一〇年のワールドカップ・南アフリカ大会の最終予選や本大会で活躍した。それによって、田中選手の存在は広く知られるようになった。

『大和魂』という本は、田中選手のサッカー選手としての半生をつづったもので、二〇一〇年一二月に幻冬舎から刊行されている。この時期に本が刊行されたのは、ワールドカップでの活躍があってのことだが、もちろんのこと、大和魂そのものについて論じた本ではない。大和魂がタイトルにはなっているものの、本文のなかには、大和魂ということばは出てこない。

しかし、田中選手の顔写真を表紙に用いたこの本を実際に見てみたならば、なぜ、『大和魂』というタイトルがつけられているのか、大半の人はすぐに理解できるはずだ。それは、現代に生きる日本人のなかに、大和魂についての共通理解があり、本のタイトルもそれにもとづいているからである。

一番のポイントは、田中選手が日本に生まれたわけではなく、ブラジルに生まれたことにある。しかも、彼の父親は日系ブラジル人の二世だが、母親はイタリア系ブラジル人である。彼のもともとの名前は、マルクス・トゥーリオ・リュージ・ムルザニ・タナカ（Marcus Túlio Lyuji Murzani Tanaka）とかなり長い。そこには、日本の名前を見出すこともできるが、それ以外のものも含まれている。田中マルクス闘莉王は、彼が二〇〇三年に日本国籍を取得した際につけた日本名である。

田中選手が来日したのは一六歳のときだった。千葉県にある渋谷教育学園幕張高校サッカー部の監督に見出され、日本語ができないのに単身で日本にやってきた。高校卒業後は、広島出身の祖父の勧めでサンフレッチェ広島に入団する。入団の時点で、GMの今西和男から、将来日本国籍をとることを考えてみないかと言われていた。今から準備すれば、二〇〇四年のアテネ・オリンピックに間に合うというのだ。

その後、田中選手は、すでに述べたように、ワールドカップ・南アフリカ大会のアジア最終予選で、全試合に中心選手として出場し、本大会への出場に大きく貢献した。さらに、本大会でも、全試合に先発出場し、日本が決勝トーナメントに勝ち上がることにも大きく貢献した。

もちろん、田中選手一人の働きで、ワールドカップの本大会に出場できたわけではないし、決勝トーナメントに進出できたわけではない。実際、もう一人のセンターバックであった中澤佑二選手の活躍も大きかった。

中澤選手についても、ワールドカップの後に本が出ている。佐藤岳《がく》『中澤佑二　不屈』(文藝春秋)である。表紙には、田中選手の『大和魂』と同様に、中澤選手の顔写真が大きく使われている。

中澤選手の本の方が、『大和魂』よりも前に刊行されている。したがって、中澤選手の本に『大和魂』というタイトルをつけることも可能だった。

しかし、そうはならなかった。出版社の方も、中澤選手の本に大和魂というタイトルをつけることなど考えもしなかったであろう。なぜそうなのか。それは、中澤選手が、生まれたときから日本人だったからである。

それに対して、田中選手は日系人であり、途中で日本国籍を取得している。そうした経歴が鍵である。日本に生まれた日本人ではないにもかかわらず、ワールドカップの最終予選と本大会で、日本のために大いに貢献したことが重要なのだ。

なぜ、田中選手が日本のためにそこまで貢献しようとしたのか。

その疑問が湧いてきたときに、答えとなるのが、「彼には大和魂があるからだ」というものである。

彼のなかに眠っていた日本人の精神が、外国の代表チームとの戦いのなかで目覚め、発動した。そのような解釈が受け入れられるからこそ、『大和魂』というタイトルが選ばれた。読者も、表紙を見ただけで、そうしたことをたちどころに理解する。これが、日本人のなかにある大和魂についての共通した理解ということになる。

辞書を引いてみると、「大和魂」については、「日本民族固有の精神。勇猛で潔いのが特性とされる」(『広辞苑』第五版)と説明されている。田中選手は、日系人であるにもかかわらず、大和魂を持っているため、海外のチームとの戦いのなかで、勇猛さと潔さを遺憾なく発揮したというわけである。

もちろん、大和魂が日本民族固有の精神である以上、日本人なら誰もが有している。ワールドカップに臨んだ日本人選手は、皆、大和魂の持ち主である。

その大和魂は、日本代表のチームが日本以外の国と戦ったときに発動し、表に現れてくる。大和魂によって、選手は普段以上の力を発揮し、勇気を持って戦う。そして、危機に直面したときにも、決して卑怯な手を使わず、常に潔い態度を示す。

これは、日本代表チームの選手全体に共通することだが、そうした態度を示すのが、日本と深い縁はあるものの、必ずしも日本に生まれ育ったわけではない人間であったとき、サポーターとなった一般の日本人は、改めて大和魂の存在に気づく。田中選手が活躍したのは、彼のなかに大和魂が受け継がれており、それが発動したからだ。私たちは、そのように解釈するのである。

大和魂は、日本人が戦いに臨んだ特別な場面でだけ立ち現れてくるものである。しかもそれは、日本と少しでもかかわりをもった人間が必ずや宿している。『大和魂』というタイトルには、そうした大和魂の特性が遺憾なく表現されているのである。

## 西のゲルマン魂と東の大和魂

さらに重要なことに、日本人は、日本以外の民族も、それぞれが固有の魂を有していると考えようとする。

たとえば、二〇一八年六月二六日に、ネット上の『Ｎｕｍｂｅｒ　Ｗｅｂ』に投稿された記事がある。その記事は、ワールドカップ・ロシア大会のグループリーグ初戦に敗れたドイツが、第二戦で、残り一分を切った時点で決勝ゴールを挙げたことを伝えるものである。この記事のタイトルは、「ドイツについに新リーダーが誕生。クロースが〝ゲルマン魂〟を甦らせた」というものだった。

実は、記事のなかには、ゲルマン魂ということばは登場しない。決勝ゴールを挙げたクロース選手も、インタビューでゲルマン魂に言及しているわけではない。だが、第二戦で勝利をおさめなければ、強豪ドイツの決勝トーナメント進出は遠のいてしまう。そうした絶体絶命の状況のなかで、ゲルマン魂が頭をもたげ、それでドイツは危機を突破した。記事のタイトルをつけた人間は、そう考えたのである（なお、ドイツは第三戦で韓国に敗れ、グループ最下位となり、決勝トーナメントには進めなかった）。

ここでは、ゲルマン魂は、大和魂と共通した性格を持つものとしてとらえられている。しかし、ゲルマン魂ということばが、大和魂と同じような影響力をドイツの歴史のなかで発揮したことはない。そもそも、ドイツにはゲルマン魂ということば自体がないのだ。ドイツの著名な哲学者、ゲオルク・ヴィルヘルム・フリードリヒ・ヘーゲルが作ったことばに、“Volksgeist”があるものの、これは、それぞれの民族に備わる精神を意味しており、とくにドイツにだけ適用されることばではない。

実は、ゲルマン魂ということばは、日本でドイツのサッカーについて論じる際にだけ用いられるものなのである。

日本のサッカーの歴史を考える上で、ドイツ人のコーチ、デットマール・クラマーの果たした役割は大きい。クラマーは、日本のサッカー界ではじめての外国人コーチであり、一九六〇年に来日した。六四年の東京オリンピックで日本がベスト8に進出し、六八年のメキシコ大会で銅メダルを獲得したのは、クラマーの功績とされている。したがって彼は、「日本サッカーの父」とも呼ばれる。

そのクラマーが、日本の選手たちに対してゲルマン魂ということばを使ったのが定説ともなっているが、必ずしもそれは事実ではないようだ。

クラマーとも親交があった元朝日新聞記者の中条一雄の『デットマール・クラマー　日本サッカー改革論』(ベースボール・マガジン社)では、クラマーは、一九六一年六月一一日のワールドカップ・アジア予選第二戦の韓国戦を前に、選手たちにケガが多く、疲れが顔に出ていたりしたので、これでは韓国に勝てるわけはないと考え、「ヤマト魂」ということばをはじめて使ったとされる。「キミたちにヤマト魂はあるのか。ヤマト魂はどこにいった。私は失望したぞ」と言ったというのである。

クラマーは、第二次世界大戦に従軍していたとき、日本人にヤマト魂があるということを聞いた。そこで、来日するにあたって、日本にかんするいろいろな文献を読んだ。おそらくそのなかには、「はじめに」でふれた新渡戸稲造の『武士道』も含まれていたことだろう。クラマーは、そうした文献を通し、ヤマト魂が、「古くから日本人が持つ強い意志、潔い精神のこと」だと知ったという。

ヤマト魂があれば、少々のケガや痛みがあっても、それを耐え忍び、弱みを見せないでいることができる。そう解釈したクラマーは、韓国戦を前にしての藤沢での一週間の合宿で、毎日のようにヤマト魂を持てと、選手を励ましたという。

クラマーは、ヤマト魂ということばを使ったが、ゲルマン魂ということばは使っていない。それに関連して、中条は、余談として次のように述べている。

「そのころクラマーさんは、日本の新聞記者から『ドイツ人にはゲルマン魂がありますよね』とよく聞かれた。ヤマト魂に対比しての質問だったが、ゲルマン魂という言葉は、残念ながらドイツでは一度も聞いたことはないとか」

ドイツには、ゲルマン魂にあたることばがない。にもかかわらず、日本の記者は、それがあることを前提に、クラマーに尋ねている。

現在でも、日本でゲルマン魂ということばが使われることがある。『財界』（財界研究所）という雑誌の二〇〇〇年七月号には、久保巖による「時代を動かす一族と男たち（9）世界有数の多国籍企業になったジーメンスの〝ゲルマン魂〟」という記事が掲載されている。あるいは、雑誌『丸』（潮書房）の一九六六年一一月号には、浅野茂樹による「ゲルマン魂ここに生きる」という記事が載っている。

こちらは、国立国会図書館の蔵書を検索したものだが、遡ると、一九四五年の新聞に「戦ふゲルマン魂の基盤・高橋健二氏にきく」という記事が掲載されていたことが分かる（明治大正昭和新聞研究会『新聞集成昭和編年史　昭和二〇年度版一（一月～三月）』）。

一九四五年の時点で、ゲルマン魂ということばが新聞に登場していたということは、それ以前から日本ではこのことばが使われていた可能性を示している。それを証明するのが、三八年の仁丹の広告である。そこには、ナチス・ドイツの象徴であるハーケンクロイツが描かれ、「西のゲルマン魂と東の大和魂と正義イタリーを結合する世界防共陣こそ……革新欧亜の推進枢軸だ！」とある。とくに、「西のゲルマン魂と東の大和魂と」の部分は活字が大きく目立つようになっている。

日独伊三国間条約が結ばれ日独伊三国同盟が成立するのは、一九四〇年のことで、広告よりも遅い。ただ、三六年には日独防共協定が、三七年には日独伊防共協定がすでに結ばれていた。広告は、それを踏まえてのもので、とくにドイツのことが強く意識されていた。後にも述べるように、日本が戦争に深く入り込んでいく一九三〇年代後半以降は、大和魂が強調された時代でもあった。そこから、同盟国のドイツにも、それ固有のゲルマン魂があると考えられたのではないだろうか。

つまり、ゲルマン魂は、日本でだけ使われる特殊なことばなのである。そこには、日本とドイツの密接な関係が示されている。しかし、ゲルマン魂ということばは、ドイツには存在しない。日本人が、いわば勝手に、ドイツ人にはゲルマン魂があると想定しているだけなのである。

## 国同士の「代理戦争」

ここで思い起こされるのが、サッカーの日本女子代表チームの愛称、「なでしこジャパン」である。この愛称は、二〇〇四年に募集され、そのなかから選ばれたものである。一一年の女子ワールドカップ・ドイツ大会で、日本が優勝したことで一気に世の中に広まった。なでしこジャパンは、この年の新語・流行語大賞で年間大賞に選ばれている（〇四年の時点でもノミネートされていた）。

大和撫子は、ナデシコ科ナデシコ属の多年草であるカワラナデシコの異名であり、日本女性の美称ともなっている。日本の近代的な国語辞典の草分けである『大言海』では、撫子について、「此草《このくさ》の花、形小さく、色愛すべきもの故に愛児《あいじ》に擬《ぎ》し、ナデシコと言う」と説明されている。

一見すると、日本の女性はか弱い。だが、その魂には強さがあり、戦いとなれば、それが発揮される。なでしこジャパンという命名の仕方に大和魂の影響があることは明らかである。

今や大和魂ということばは、サッカー界において頻繁に用いられる。そこには、サッカーの、あるいはサッカーのワールドカップのスポーツ競技としての特殊性が深く関係している。

さまざまなスポーツには、ワールドカップにあたる世界選手権があり、実際にワールドカップと称しているものもある。二〇一九年には日本で、ラグビーのワールドカップが開かれた。

だが、サッカーのワールドカップは特別なもので、参加国は国の威信をかけて戦う。それは、国同士の「代理戦争」の様相を呈している。ラグビーの場合には、そもそもラグビーをしている国が少なく、サッカーでは強国のドイツやブラジルなどは出場したこともない。

アメリカで生まれたスポーツのなかには、高価な用具を必要とするものが少なくない。野球やアメリカン・フットボールなどがそうで、特別なスタジアムも必要とする。水泳も、プールの存在が前提であり、そうした設備が整っていなければ競技はもちろん、練習もできない。

それに比較して、サッカーは、ボールとゴールさえあれば、ほかには用具はいらない。場所についても、本格的な試合はできないかもしれないが、空き地でサッカーを楽しむことができる。

そして、サッカーの有名選手に対しては、有名なプロチームが高額の報酬を与える。それは大きな魅力で、サッカー選手を増やす決定的な要因になっている。サッカー以外に、これだけ世界的な広がりを持っているスポーツは存在しない。ルールも単純で、誰にでも分かる。野球を含め、アメリカで生まれたスポーツだと、ルールが難しい。イギリス生まれのラグビーでもそうだ。

こうした特徴を持っているがゆえに、世界中の人々がサッカーに熱狂し、それは四年に一度のワールドカップで頂点に達する。ワールドカップは国同士の戦いで、その国の国籍を取得していなければ参加できない。田中選手が日本国籍を取得したのも、それが理由になっている。

国のために戦う。日本では、そうした局面において、日本人に特有の精神のあり方として大和魂を持ち出す。だからサッカーでは大和魂が登場しやすいのだ。

野球の場合も、最近では、WBC（ワールド・ベースボール・クラシック）という国際大会が開かれるようになった。プロもそこに参加できるため、野球が盛んな国では盛り上がる。とくに日本の場合には、この大会で二度優勝しているため、人気や注目度はかなり高い。

WBCに出場する日本チームは、二〇一一年から正式に「侍ジャパン」と呼ぶようになった。そこには、先行するなでしこジャパンの影響があるのかもしれないが、侍は武士道の実践者であり、その点で大和魂に通じる。

あるいは、リオ・オリンピック陸上の4×100メートルリレー決勝に出場した日本チームは、入場時のセレモニーで刀を抜くポーズをとったことから、「リレー侍」と呼ばれるようになった。

これは、チームのメンバーの発案によるもので、公的に決定されたものではない。刀を抜くのは、競技に挑む覚悟を示したものとも言えるが、このポーズをとった最初のチームのなかに、ジャマイカ人を父に、日本人を母に持つケンブリッジ飛鳥選手が含まれていたことも関係しているはずだ。それは、田中マルクス闘莉王と共通する。見た目では、すぐには日本人とは分からないが、魂は日本人である。刀を抜くポーズは、チームのメンバー全員に大和魂が宿っていることを表現したものなのだ。

## 戦争と深く結びつく

ここまで、大和魂とサッカーを中心としたスポーツとのかかわりについて述べてきたが、それは最近の傾向である。クラマーが、日本の選手に対して大和魂の必要性を説いたことで、両者は強く結びつくことになった。田中選手の本のタイトルとして大和魂が採用されたのも、それが深く関係する。

しかし、もともと大和魂は、サッカーをはじめとするスポーツの世界で使われたものではない。一九三八年の仁丹の広告が示しているように、大和魂は現実の戦争と深く結びついていた。現在、大和魂ということばを使うことに抵抗を感じる人たちがいるのも、それが関係している。

たとえば、第二次世界大戦中の一九四三年九月、武田晴爾《はるじ》著『戦時安全訓』（産業経済新聞社）という本が刊行された。これは、国民徴用令が改正され、経験のない多くの人間が工場に送られたことを踏まえて書かれたものだった。著者は、厚生省研究所産業安全部長であった。

そのなかで武田は、「われわれの生産成績如何が、皇国の興廃を決定する」とした上で、その目的を達成するために一番必要なのは、精神力の昂揚で、「大和魂にみがきをかけて生産性を戦ひぬくことである」と述べていた。まさに精神論だが、大和魂さえあれば、設備や物資の欠乏は補えるというのが、この時期の発想だった（早川タダノリ『神国日本のトンデモ決戦生活』ちくま文庫）。

スーパーマーケットの先駆けとなったダイエーの創業者中内㓛《いさお》は、徹底した合理主義の考え方を持っていたこともあり、『日本経済新聞』に連載された「私の履歴書」（二〇〇〇年一月三一日付）のなかで、軍隊に召集され重砲兵として入隊したとき、「百発百中の砲一門は、百発一中の砲百門に当たる」と言われ、それに疑問を投げかけると、「貴様は敢闘精神が足らん。砲の不足は大和魂で補え」と怒鳴られたと語っている。

では、近代の日本社会において、大和魂ということばは、どういったときに、強く主張されてきたのだろうか。

国立国会図書館に所蔵された本で見てみると、大和魂を書名に含んでいるもっとも古いものは、鬼石学人《きせきがくじん》『支那征伐大和魂』（中央青年倶楽部）である。著者は、「壮士節」を作った自由民権家だった。本の刊行は一八九四年八月とある。それは、日清戦争がはじまった翌月のことだった。ただこれは、本文が六ページほどしかない小冊子である。

日本が日清戦争に勝利すると、その戦いの様子や戦勝気分をつづったものが刊行されるようになり、そのなかには、大和魂をタイトルにしたものがいくつか見られた。肥熊山人『いろは都々逸《どどいつ》―新版大和魂支那国征伐』（宮崎伝喜）、能勢行吉《こうきち》『報恩と大和魂』（能勢行吉）、ジャパン・タイムス編『北清大和魂』（ジャパン・タイムス社）などである。

その後、しばらくは大和魂をタイトルに含む本は刊行されなくなるが、一九〇四年にはじまり、〇五年に終わる日露戦争に勝利すると、ふたたび、そうした本が刊行されるようになる。

昭和に入ると、日本は、中国を戦場に戦争をするようになり、一九四一年には、アメリカなどの連合国と戦争をはじめる。だが、その時代に、大和魂をタイトルに含む本が大量に出版されたというわけではない。いくつかは刊行されているが、状況は日清戦争や日露戦争のときとはかなり異なる。それも、戦争がしだいに泥沼に入り、敗戦への道を歩んでいったからだ。戦争に勝利してはじめて、日本人のなかにある大和魂を賞賛する本が刊行されるのである。サッカーの本も、ワールドカップにおいて日本チームが賞賛に値する活躍を示した後に刊行されている。

逆に日本が戦争に敗れると、大和魂について扱った本は刊行されなくなっていく。したがって、戦後しばらくの間は、そうした本は出なかった。当時の日本人は、大和魂ということばに価値を見出せなくなっていたのだ。

ただし、一九六七年には竹下トマス・K『大和魂と星条旗』（山王書房、後に朝日選書）が刊行されている。これは、タイトルからも推測されるように、第二次世界大戦の時代に、アメリカに移民した日系人が経験した苦難と、戦後の解放について扱ったものである。日系人と大和魂という結びつきは、田中選手の場合と共通する。

こうした本はあくまで例外であり、戦後ずっと、大和魂をタイトルに含む本はほとんど刊行されなかった。戦争に敗れたことが尾を引いていたのだ。

## グローバル化に直面

ところが、二〇世紀も終わりに近づくと、状況に変化が見られるようになる。世紀末には、大和魂ということばをタイトルに含む本が刊行されるようになっていくからだ。

一九九八年には大内政之介『燃えよ大和魂―幕末動乱を駆けた水戸浪士たち』(暁印書館)が、九九年にはマサ斎藤『プロレス「監獄固め」血風録―アメリカを制覇した大和魂』(講談社)と『大和魂で勝つ!―エンセン井上オフィシャル・ブック』(メディア・グローヴ)が刊行されている。エンセン井上は日系人の格闘家である。マサ斎藤は、日本人で、アメリカでプロレスラーとして活躍した。

さらに二一世紀に入ると、大和魂をタイトルに含む本が盛んに刊行されるようになる。二〇〇〇年が二〇世紀最後の年なのか、それとも二一世紀最初の年なのかについては議論があるが、この年には、第二次世界大戦において日本人として戦場に赴いた台湾の人たちの戦後における複雑な心理を取材した、林えいだい『台湾の大和魂』(東方出版)が刊行された。

二〇〇一年には、近代史究明会編『激動の日本―甦れ大和魂』（政策調査研究会）と黄文雄《こうぶんゆう》『台湾は日本人がつくった―大和魂への「恩」中華思想への「怨」』（徳間書店）が、〇三年には小田全宏《ぜんこう》『日本人の神髄―8人の先賢に学ぶ「大和魂」』（サンマーク出版）と佐藤文男『幻想の大和魂―日本人の心の拠り所を求めて』（碧天舎）が、〇四年には初代北凰《ほくおう》『大和魂』（新風舎）が刊行されている。初代北凰は刺青職人だが、他は、現代において大和魂を復活させるべきだという主張を展開した本である。

そうした傾向をもつ本としては、二〇〇五年の木村幸比古《さちひこ》『吉田松陰の実学―世界を見据えた大和魂』（PHP新書）、〇七年の童門冬二《ふゆじ》『幕末・男たちの名言―時代を超えて甦る「大和魂」』（PHP研究所）と伊井春樹『ゴードン・スミスの見た明治の日本―日露戦争と大和魂』（角川選書）、〇九年の雅井相也《そうや》『「大和魂」を取り戻せ―日本精神を喪失した戦後史』（浮雲舎）がある。一〇年はとくに多く、一坂太郎『史伝吉田松陰―「やむにやまれぬ大和魂」を貫いた29年の生涯』（学研M文庫）、江川達也『日露戦争物語4（大和魂篇）』（PHP文庫）、宗媛《そうえん》『祈りの茶―自分の中の大和魂を呼び覚ます』（文芸社）などが刊行された。

田中選手の『大和魂』は、やはりこの二〇一〇年に刊行されたもので、ほかにサッカー関連では、〇八年の加部究《きわむ》『大和魂のモダンサッカー―クラマーとともに戦った日本代表の物語』（双葉社）があった。これは、クラマーの功績について書いた本である。

大和魂をタイトルに含む本が、二一世紀がはじまる時点から数多く刊行されるようになったということは、この時期になって、日本人が大和魂に対してふたたび強い関心を示すようになったことを示している。二一世紀は、グローバル化が著しく進んでいく時代であり、それは、時間が経てば経つほどはっきりした形をとるようになった。そのなかで、日本人の根本的な精神の拠り所はどこに求められるのかが問われるようになる。私たちは、「はじめに」でふれた新渡戸稲造が『武士道』を執筆したときの心境に接近しているのである。

戦後の大和魂への関心は、まず、サッカーの世界に現れた。そこには、ドイツ人のコーチ、デットマール・クラマーの影響が大きかった。クラマーは、大和魂を強調することによって、これからの日本のチームが海外のチームと激しい戦いをくり広げていかなければならないことを叩き込んでいった。クラマーが日本に呼ばれたのも、そのためだが、彼は、大和魂を喚起させることが不可欠だと考えた。

日本はドイツと同じように、戦争に敗れ、そのことを長く引きずってきた。クラマーが来日したのは、一九六〇年一〇月のことで、日本ではその年の六月に日米安保条約の改定をめぐって、安保闘争が盛り上がりを見せた。

しかし、安保条約の改定は、衆議院で議決され、参議院では議決されなかったものの自然成立した。これによって日本は、アメリカの核の傘のもとにより深く組み込まれ、ソ連をはじめとする社会主義の国家と対峙することとなった。

連合国による占領は、一九五一年のサンフランシスコ平和条約の締結によって終焉を迎えたが、アメリカの影響力は強く日本に及んでいた。六〇年の時点で日本サッカーがおかれた状況は、あるいは、日本が現実に直面している社会情勢の反映だったのかもしれない。

大和魂さえあれば、物質的な面での不足は補える。それは、戦時中に強調された精神論にすぎないが、世界に立ち向かっていくためには、日本人としての誇りを持つことは不可欠だった。そうでなければ、サッカーの選手は国を背負い、海外の強国と戦うことはできない。クラマーという外国人から改めて教えられた大和魂ということばは、日本のサッカーの世界において、極めて重要な役割を果たすことになっていった。

そして、世紀が変わり、日本が本格的なグローバル化に直面するようになると、サッカー界においてその価値を取り戻した大和魂ということばは、サッカー以外の世界にも広がり、日本の伝統的な精神のあり方を取り戻していくことを主張するためのキーワードとして積極的に用いられるようになる。

日本には、日本人に固有の大和魂がある。大和魂さえあれば、日本の社会、日本の文化は独自性を失うことはない。そのような主張が次第に頭をもたげてきた。それは、周辺諸国との関係が難しさを増せば、より強いものになっていく可能性がある。その点で、大和魂の問題、あるいはそのゆくえについて考えることは、極めて重要な現代的な課題なのである。

# 第二章　大和魂とは何か

## 和魂漢才ということば

大和魂ということばは、そもそも何を意味しているのだろうか。『広辞苑』（第五版）で、「日本民族固有の精神。勇猛で潔いのが特性とされる」と説明されていることについてはすでに第一章でふれた。

だがこれは、意味として二番目に載っているものである。一番目の意味としては、「漢才（かんざい・からざえ）すなわち学問（漢学）上の知識に対して、実生活上の知恵・才能。和魂（わこん）」と説明されている。そして、大和魂ということばが使われた具体的な例として『源氏物語』の「少女《をとめ》」の帖《じよう》にある「才《ざえ》を本《もと》としてこそ、大和魂の世に用ひらるる方《かた》も」があげられ、「漢才」ということばを参照するよう指示されている。

「少女」の帖における才ということばは、『広辞苑』にあるように、学問上の知識のことである。漢才とは、中国の学問のことをさし、具体的には、巧みに漢文や漢詩を作れる能力のことを意味する。

大和魂はこれと対比されている。大和魂は、学問によって培われる知識ではなく、実際の生活に活用できる、自ずと生まれてくる知恵のことを意味している。学問を学んで知識を蓄えることも必要だが、知恵を欠いては、せっかくの知識が生きてこないというわけだ。

この知識と知恵の対比から生まれてきたのが、「和魂漢才」ということばである。「和魂洋才」ということばの方が、今でははるかによく知られている。日本固有の精神と西洋の学問ということで、近代化をはじめた明治時代の日本では、西洋の学問や知識を取り入れる際に、あくまで日本人の精神を忘れてはならないとされた。和魂洋才は和魂漢才をもとにした、そのもじりである。

和魂漢才ということばが最初に登場するのは、『菅家遺誡《かんけいかい》』という書物においてである。菅家とは、天子《てんし》や朝廷、公家を意味するが、とくに菅原道真《すがわらのみちざね》のことをさす場合が多い。道真には、『菅家文草《ぶんそう》』や『菅家後集《こうしゅう》』といった漢詩文集がある。その点では、まさに漢才の人ということになる。

遺誡とは死後に残す教訓のことである。『菅家遺誡』は、公家が守るべき教訓を示した書物だが、実際には道真の著作ではなく、道真に仮託されたものと考えられる。その点では、偽書ということにもなるが、室町時代に成立している。

道真は、左大臣に次ぐ地位である右大臣にまでのぼりつめる。だが、その時点で太宰府に左遷され、亡くなったため、死後には数々の祟りをなしたとされた。その祟りを鎮めるために、道真は天神として、太宰府と京都の北野で祀られるようになり、やがては、学問の神として信仰されるようになる。

『菅家遺誡』が道真に仮託されたのは、生前の道真が遣唐大使に任じられたにもかかわらず、その派遣中止を建議《けんぎ》し、それが朝廷によって認められたということが背景にあった。それ以降、遣唐使は派遣されず、それによって「国風《こくふう》文化」が栄えたという見方が生まれた。実際には、中国との交流は続き、そのなかで中国の文化も伝えられたので、この説は成り立たない。だが、和魂漢才を説く『菅家遺誡』が道真の著作とされたのは、道真こそが国風文化を生んだ立て役者ととらえられていたからである。

和魂漢才ということばは、『菅家遺誡』の本文が終わった後に、次のような形で登場する。

凡《およそ》国学の要する所は、論《ろん》古今に渉《わた》り天人《てんにん》を究めんと欲すと雖《いえど》も、其の和魂漢才に非《あら》ざる自《よ》りは、其の閫奥《こんおう》を闚《うかご》うこと能《あた》わざらん。

ここで言われているのは、大和魂を保ちつつ、中国の学問にも通じていなければ、学問の奥義を極めることはできないということである。

和魂漢才ということばが生み出された背景には、中国と日本の間の学問的なレベルの差ということがあった。日本は、中国から学問を取り入れた。学問は言語活動がもとになるが、漢字という文字自体中国で生まれたものである。日本では、漢字を読むために仮名が発明されたものの、漢文を読めなければ学問はできないし、公式な文書もまた、ときにはかなり怪しげなものもあったが、漢文で記された。

中国と日本の間には、それだけ大きな、さらに言えば決定的な格差が存在したわけである。そうした状況のなかで、精神のあり方だけは、日本に独自なもの、大和魂を貫こうとしたのである。

大和といえば、現在の奈良県に相当する大和国を意味するが、その一方で、日本の国そのものを意味している。万葉集の巻第一九には、「そらみつ　大和の国は、水の上《うへ》は　地《つち》行《ゆ》くごとく、船の上は　床に居《を》るごと　大神の　斎《いは》へる国ぞ」（四二六四）とある。これは、孝謙《こうけん》天皇が遣唐使の無事を祈った歌である。

ただ、三世紀末に成立した「魏志倭人伝」では、大和のことは、「邪馬台国」と呼ばれていた。それが、日本の神話である古事記や日本書紀では、倭、ないしは日本と書いて「やまと」と読ませていた。最初、中国から倭の名で呼ばれていたのを、日本人も自らの国をさす際に称するようになったものと考えられる。

その大和が魂ということばと結びつくことで、大和魂が生まれた。ただ、はじめてそれが現れた『源氏物語』「少女」の帖では、先ほどふれたとおり、漢才と対比される知恵を意味するものとして、大和魂は使われていた。

『広辞苑』では、この箇所の用例をもとに、大和魂の意味を解説しているわけだが、こちらの意味は、現在の日本人にはほとんど知られていない。一般の人たちが、大和魂ということばを聞いて思い浮かべるのは、『広辞苑』では二番目にあげられる「日本民族固有の精神。勇猛で潔いのが特性とされる」の方である。第一章で取り上げた大和魂をタイトルに用いた本も、それを前提にしている。

次の章でも見ていくように、大和魂という考え方が広く受け入れられていく上で、「国学」が果たした役割は極めて大きい。国学とは、古事記や万葉集といった古典のなかから、仏教や儒教が到来する以前の日本の精神、文化のあり方を導き出していこうとする試みであり、契沖《けいちゅう》や荷田春満《かだのあずままろ》から賀茂真淵《かものまぶち》、本居宣長《もとおりのりなが》、そして平田篤胤《あつたね》などに受け継がれていった。

国学のなかでは、当初、「少女」の帖にあるような意味で大和魂が使われていたものの、やがて、日本に固有の精神という側面の方が強調されるようになっていく。国学のなかで、大和魂ということばを理解する枠組みが変化していったわけである。

その変化において重要なことは、前者の意味での大和魂における「魂」の部分は、たんに知恵や才能として理解されており、後者にある精神という意味を必ずしも持ってはいなかったことである。

『源氏物語』が紫式部の手によって、いったいいつ書かれたのかについては、さまざまに議論がある。印刷術の発達していない時代のことであるため、『源氏物語』は写本として伝えられていったが、平安時代の末期から鎌倉時代のはじめに、写本の校訂作業が行われるまで、内容の異なる複数の写本が流布していた。したがって、いったいいつ『源氏物語』が書かれたのか、時期を特定することは難しい。そもそも、かなりの長編であり、時間をかけて執筆されたものと考えられる。

それでも、『紫式部日記』が存在することから、執筆年代を推測することは可能である。そのなかには、一〇〇八（寛弘五）年の時点で『源氏物語』の冊子作りが行われたという記述があり、それまでに一定の部分が書かれていたものと考えられるからである。したがって、大和魂のことばがはじめて現れるのも、そのころということになる。ただし、そこ以外、『源氏物語』には、大和魂ということばは登場しない。また、それ以降当分の間、紫式部以外の人間によって書かれた文献にも大和魂は登場しない。つまり、大和魂ということばは、一一世紀の初頭に、紫式部によって一度は使われたものの、世の中に広まることはなかったのである。

この点は重要である。というのも、そこからは、日本人が魂ということについて、果たして昔から関心を持っていたのかどうかという問題が浮上してくるからである。魂は「霊魂」、あるいは「霊」と言い換えることもできる。

## アニミズムの思想

私が専門としてきた「宗教学」という学問は、一九世紀の後半にヨーロッパにおいて成立した。初期の宗教学においては、聖典をもとにした東洋の宗教の研究が進められる一方で、宗教の起源ということが大きな問題となった。その時代の宗教の起源を求める試みの意義については、拙著『父殺しの精神史』（法藏館）のなかで論じた。宗教学以外の分野の研究者も、同じ時期に宗教の起源の探求を試みた。

そのなかで、イギリスの人類学者であったエドワード・バーネット・タイラーは、宗教の起源として「アニミズム」という概念を提唱した。アニミズムは、霊的な存在への信仰であり、生物や無機物を問わず、あらゆるものに霊魂が宿っているとする考え方である。タイラーは、アニミズムこそが宗教の起源であるという説を立てるとともに、それは、その後展開するあらゆる宗教の基礎にあるとした。この時代は、進化論的な見方が優勢で、アニミズムを基盤とした精霊信仰から多神教が生まれ、さらに一神教へと進化していったとされた。

日本の場合、豊かな自然を背景として、自然界に存在するさまざまなものに霊魂が宿っているとする考え方が広がっているという見方がある。

たとえば、哲学者の梅原猛は、「アニミズム再考」（『日本研究　国際日本文化研究センター紀要』第1集）で、「日本の神道や仏教をアニミズムという言葉で特徴づけたら、仏教や神道から抗議を被るに違いない」ものの、「私は結局、日本の神道や仏教はアニミズムの原理によっていると思う」と主張していた。

神道については、「日本の神道は、霊が植物にも動物にも天然現象にも存在するという点においてアニミズムの特徴を持つが、また、霊の再生、霊のあの世とこの世の絶えざる循環という思想を持つ点においてもアニミズムの特徴は強い」とした。

仏教にかんしては、中国から伝えられたものが、日本において変容を遂げる。そのなかで中心的な思想になったのが「天台本覚論《てんだいほんがくろん》」である。天台本覚論のキーワードになったのが、「草木国土悉皆成仏《そうもくこくどしっかいじょうぶつ》」であった。梅原は、草木や国土まで仏になれるとすることばこそ、アニミズムの思想そのものであり、明確な自然崇拝、樹木崇拝であるとした。

この梅原の文章は、一九八九年に発表されたものだが、その年から九〇年にかけて刊行された『図説　日本の仏教』全六巻（新潮社）に掲載されたものをまとめたものに、末木《すえき》文美士《ふみひこ》『日本仏教史―思想史としてのアプローチ』（同、後に新潮文庫）がある。そのなかには、かなり長い「本覚思想」というコラムがある。末木はそこで、本覚思想が日本仏教の歴史のなかでいかに重要な働きをしたかを論じている。

こうした指摘を踏まえて考えるならば、アニミズムは、日本の宗教の原点に位置し、しかも、外来の仏教においても極めて重要な意味を持っていたことになる。

しかし、古事記や日本書紀といった日本の神話を見たとき、魂や霊、あるいは霊魂といったことばが登場する箇所は決して多くはない。霊魂ということばについては新しいものであり、古代に使用されていたとは考えられないが、魂や霊といったことばの方は古代から使われていた。

古事記の全文検索を行ってみると、魂ということばは、五つの場面に登場し、全部で一〇回使われていることが分かる。

一〇回のうちで多いのは、魂が神名のなかに含まれる場合である。「宇迦之御魂神《うかのみたまのかみ》」が一回、「大国御魂神《おおくにみたまのかみ》」が二回、猿田毘古神《さるたひこのかみ》（猿田彦神）の別名として「底度久御魂《そこどくみたま》」「都夫多都御魂《つぶたつみたま》」「阿和佐久御魂《あわさくみたま》」がそれぞれ一回、佐士布都神《さじふつのかみ》の別名として「布都御魂《ふつみたま》」が一回である。魂は神名として都合七回使われており、残りは三回である。

三回のうち一回は、天照大神《あまてらすおおかみ》が天孫降臨を命じた瓊瓊杵尊《ににぎのみこと》に対して、「此れの鏡は、専《もっぱ》ら我が御魂として」奉れと命じる場面においてである。

後の二回は、仲哀天皇《ちゅうあい》と神功《じんぐう》皇后について語られた箇所に出てくる。神功皇后は、皇后という立場であったにもかかわらず、仲哀天皇の死後、六九年間にもわたって摂政の地位にあった。日本書紀でも一章がさかれ、事実上天皇と同じ扱いを受けていた。実際、江戸時代までは、神功皇后は代々の天皇のなかに数えられていた。

筑紫《つくし》の訶志比宮《かしいのみや》にいた仲哀天皇は琴をかなで、神功皇后を依代《よりしろ》にして、神を降ろす。その神は、西の方にある国を攻めるよう命じてきた。天皇は高いところに登ってみても、西には国は見えず、海が広がっているだけだと、神に反論し、その命令に背く。すると、家臣の建内宿禰《たけうちのすくね》に勧められ、ふたたび琴をかなでた際に、命を落としてしまう。

建内宿禰が、皇后に降りた神に正体を尋ねると、「是《こ》は天照大神の御心ぞ。亦底筒男《またそこつつのを》、中筒男《なかつつのを》、上筒男《うはつつのを》の三柱の大神ぞ」という答えが返ってくる。この三柱の大神は住吉大社の祭神である。さらに神は、西を攻めるのなら、その船に「我が御魂」を据えろと言ってきた。そして、実際に西の新羅を攻めての帰還の際には、「墨江大神《すみえのおおかみ》の荒御魂《あらみたま》を、国守ります神と為《し》て祭り鎮め」たという。ここに、荒御魂という形で魂が登場する。

これが、古事記に登場する魂ということばのすべてである。意外なほど、魂ということばは使われていない。

なお、霊については、古事記では、漢文で書かれた序に一回、顕宗《けんぞう》天皇についての箇所に二回出てくる。序には、「二霊群品《にれいぐんぴん》の祖《おや》と為りき」とあり、この二霊とは、伊邪那岐命《いざなぎのみこと》と伊邪那美命《いざなみのみこと》のことをさしている。

後者においては、二回とも、「其の霊」という形で出てくるが、これは、顕宗天皇の父である市辺押磐皇子《いちのへのおしはのみこ》を殺した雄略《ゆうりやく》天皇の霊のことをさしている。

これが、日本書紀になると、魂や霊といったことばはかなり頻繁に使われている。魂は、七つの場面で三二回登場する。霊になると、一七の場面に八三回も登場する。

どちらも神名として使われていることも多い。とくに霊の場合には、高皇産霊尊《たかみむすびのみこと》という神名としてくり返し使われている。また、亡くなった天皇の霊を意味していることもかなり多い。

## 神の四つの性格

注目されるのは日本書紀の神代《じんだい》の部分に出てくる話である。大己貴命《おおなむちのみこと》が少彦名命《すくなひこなのみこと》と国造りをしていた際、少彦名命はどこかへ去ってしまう。これには、大己貴命も困ってしまうが、そのとき、海のなかから、光り輝く神が現れる。その神は、正体を聞かれた際、大己貴命に対して、「吾《あ》は是汝《いまし》が幸魂奇魂《さきみたまくしみたま》なり」という答えを返してくる。

神道の世界では、神には四つの性格があるとされ、それは、和魂《にぎみたま》、荒魂《あらみたま》、幸魂《さきみたま》、奇魂《くしみたま》であると言われる。これについて、幕末の神道家で、平田篤胤の弟子でもあった本田親徳《ちかあつ》は、「一霊四魂《いちれいしこん》」と呼んだ。

四魂のうち、幸魂と奇魂は、ここにはじめて登場するが、日本書紀ではこれだけである。古事記にも出てこない。幸魂と奇魂は、大己貴命にしか認められていないことになる。他の神々については、幸魂と奇魂があるとはされていない。

それは、荒魂についても言える。古事記では、「墨江大神の荒御魂」という形で登場したが、日本書紀では、荒御魂ではなく、荒魂として出てくる。登場するのは、古事記と同様に、新羅に攻めていく船に関連する箇所で、和魂と対比されている。「和魂は王身に服《したが》ひて寿命《みいのち》を守らむ。荒魂は先鋒《さき》として師 船《みいくさのふね》を導かむ」とある。和魂は、神功皇后の肉体を守って長寿を実現し、荒魂は攻めいく船を導いていくというのである。守護と攻撃という形で、和魂と荒魂は対照的な性格を与えられている。

神功皇后は、新羅を攻めて勝利をおさめ、日本に帰還した後に、筑紫で後の誉田天皇《ほむたのすめらみこと》、応神《おうじん》天皇を産む。

そして、戦に従った表筒男（古事記では上筒男）、中筒男、底筒男の三柱の神、住吉三神は、神功皇后に対して、「我が荒魂をば、穴門《あなと》の山田邑《やまだむら》に祭《いは》はしめよ」と命じる。これは、山口県の豊浦郡（現・下関市）とその周辺をさす。

次の年の春二月に、神功皇后は家臣を従えて、穴門にある豊浦宮に移るが、仲哀天皇と別の姫との間に生まれた麛坂王《かごさかのみこ》と忍熊王《おしくまのみこ》が、弟にあたる応神天皇が即位するのは許せないと謀反を起こす。海上で戦いになり、皇后の船は難波をめざしたものの、進めなくなる。占ったところ、天照大神が現れ、「我が荒魂をば、皇后に近くべからず、当《まさ》に御心を廣田《ひろたの》国《くに》に居らしむべし」と告げる。

他の神々も、それぞれ祀られる場所を指定するが、住吉三神は、「吾が和魂をば大津の渟中倉《ぬなくら》の長峡《ながお》に居さしむべし。便《すなわ》ち因《よ》りて往来《ゆきか》ふ船を看《め》さむ」と告げた。住吉三神は、自らの和魂を大津の渟中倉の長峡に祀《まつ》れば、そこを行き交う船を見守るというのだ。和魂は、ここでも守護の役割を担っている。

大津の渟中倉の長峡がどこかについては、諸説ある。現在住吉大社が鎮座している大阪市住吉区をさすとする説もあるが、神戸市東灘区の本住吉神社のある場所をさすという説もあり、論争になっている。本居宣長は、『古事記伝』のなかで、大津の渟中倉の長峡は菟原《うはら》郡の本住吉神社のことであるとしている。菟原郡は現在の東灘区全域を含んでいた。

ただ、本住吉神社のことは、九二七（延長五）年にまとめられた神社の一覧、『延喜式《えんぎしき》神名帳《じんみょうちょう》』には記載されていない。『延喜式神名帳』では、三〇〇〇社に近い神社があげられており、全国の神社を網羅している。その点からすれば、そこに含まれていない神社は歴史がさほど古くないことになる。この点を踏まえると、住吉大社の方をさすと考えるべきだろう。

すでに述べたように、神道では、神には和魂、荒魂、幸魂、奇魂の四つの性格があるとされている。本田の言う一霊四魂である。実は、これを体現している建築物が宮崎市にある。拙著『八紘《はっこう》一宇《いちう》――日本全体を突き動かした宗教思想の正体』（幻冬舎新書）でも取り上げた、「八紘一宇の塔」である。現在では、「平和の塔」と呼ばれるようになったものの、戦後いったん削られた八紘一宇の文字は一九六〇年代に復元されている。建設されたのは、紀元二六〇〇年にあたる一九四〇年であり、正式な名称は、「八紘《あめつち》之《の》基柱《もとはしら》」であった。

この八紘一宇の塔の四隅には、信楽焼の四つの神像が刻まれている。武人を象徴する「荒御魂」、商工人の「和御魂」、農民の「幸御魂」、漁民の「奇御魂」である。

しかし、古事記や日本書紀にまで遡って考えてみると、この四つの魂が、神全般に当てはまるのかどうか、それが疑問になってくる。

幸魂と奇魂は、大己貴命による国造りにだけ関連していた。大己貴命の前に現れた神は、実は大物主命《おおものぬしのみこと》なのだが、自分は大己貴命の幸魂であり奇魂であると宣言した。ただし、すでに述べたように、幸魂と奇魂は、ここにしか出てこない。古事記や日本書紀の他の箇所には登場しない。となると、幸魂と奇魂は、神全般の性格ではなく、もっぱら大己貴命の性格を示すものだということにもなってくる。少なくとも、神全般に当てはまるという証拠はない。

和魂と荒魂についても、古事記や日本書紀のなかで、かなり限定された場面にしか出てこない。この二つが出てくるのは、神功皇后による新羅侵略に関連してだけである。そして、住吉三神には和魂と荒魂があるとされ、天照大神には荒魂があるとされるが、両者は密接に結びついている。天照大神の「御心」を体現するのが住吉三神なのである。

天照大神は、自らの荒魂を廣田という場所に祀るようにと神功皇后に命じた。この廣田とは、現在の兵庫県西宮市のことをさす。そこに鎮座する廣田神社は、現在、プロ野球の阪神タイガースが毎年必勝祈願を行う神社として知られるが、祭神は、「天照大御神之荒御魂」とされている。天照大神の荒魂ということである。

伊勢神宮の内宮《ないくう》には、境内別宮として荒祭宮《あらまつりのみや》があり、そこでも、天照大神の荒魂を祀っている。この荒祭宮は、一〇ある別宮のなかで第一とされ、社殿はもっとも大きい。それだけ重要な神社ということになるが、創建の事情などは分かっていない。ただし、『延喜式神名帳』では、「荒祭宮一座　大神の荒魂」とあり、この文献が成立した一〇世紀のはじめには天照大神の荒魂が祀られていたことになる。

ほかにも、内宮の別宮である瀧原宮《たきはらのみや》と瀧原竝宮《たきはらならびのみや》でも、天照大神の荒魂を祀っている。こちらは、『延喜式神名帳』では、「皇大御神御魂《すめおおみかみのみたま》」を祀るとされ、荒魂とはされていない。

古事記と日本書紀では、天照大神と住吉三神にしか荒魂は認められていない。和魂については、住吉三神についてしか述べられていない。和魂と荒魂は、神一般に認められたものではなく、幸魂と奇魂と同様に、ごく限定された神にしかその存在は認められていないのである。

そうなると、本田親徳の言う一霊四魂という説が成り立つのかどうか、少なくとも神話の段階では裏づけをとることができない。一霊四魂の考え方が、果たして神全般に当てはまる普遍的なものなのかどうか。その点は議論が必要である。少なくとも、記紀《きき》神話において、四魂がくり返し登場するわけではない。

しかも、記紀神話は、全体として魂や霊についてあまり関心を持っていない。至る所で魂や霊が登場するわけではない。それが登場するのはごく限られた場面なのである。

なぜそうなるのだろうか。

もちろん、古事記や日本書紀に魂や霊が登場しないからといって、古代の日本人がそうしたことに関心を持っていなかった証拠にはならない。だが、全体が残されている出雲風土記などを見ても、魂は神名に使われる場合が多い。古事記や日本書紀と傾向は変わらないのである。

## 一神教の魂や霊

魂や霊という考え方は、どの宗教においても見られる普遍的なものである。

ここであらゆる宗教について見ていくわけにもいかないので、話をキリスト教とイスラム教に限ることにする。どちらも一神教であり、お互いに深く、また複雑に関係している。

キリスト教のもっとも基本的な教義は、「三位一体《さんみいったい》」である。これは、父なる神、その子としてのイエス・キリスト、そして神の力の働きである聖霊からなるもので、位格《いかく》（ペルソナ）は三つ異なるが、その三つの位格は一体の関係にあるとされている。

聖母マリアがイエス・キリストを身籠もったのも聖霊の働きによる。天使ガブリエルが、マリアに対して妊娠していることを告げる場面は「受胎告知」と呼ばれ、キリスト教美術の世界ではさまざまな画家が描いてきた。この受胎告知の絵において、多く描かれる鳩が聖霊を象徴するとされている。

一方で、神やイエスと関係しない霊は、悪霊としてとらえられる。イエス・キリストの事績《じせき》をつづった「福音書」においては、イエスは悪霊にとりつかれた人間たちからそれを追い出している。初期キリスト教の教父とされるアウグスティヌスは、その著書『神の国』のなかで、悪霊を異教の神々が堕落したものとしてとらえた。

カトリックの世界では、一一月一日を殉教した聖人に捧げる「諸聖人の日」、ないしは「万聖節」とし、その翌日の二日を「死者の日」「万霊節」として、死者の魂、死者の霊に祈りを捧げる日としている。これは、キリスト教からすれば異教であるヨーロッパの土着宗教の慣習を取り入れたもので、考え方は日本の盆に近い。

キリスト教は、ヨーロッパに浸透していくなかで、ケルト民族やゲルマン民族の土着信仰の影響を受け、さまざまな形で変質を遂げていった。それによって、多神教的な部分を含み込むこととなる。殉教したり、奇跡を起こした聖人を祀る「聖者崇敬《すうけい》」や、マリアに救済を期待する「マリア崇敬」などは、厳格な一神教の立場からすれば、多神教的で、異端とも言えるものである。だが、魂や霊を否定せず、信仰体制のなかに組み入れることで、キリスト教は幅広い層に浸透していった。その傾向は、カトリックの信仰が広がった中南米諸国においても強く見られる。

また、これは古代ギリシアに遡るものでもあるが、ヨーロッパの哲学では、肉体のなかに魂やこころといった精神作用の主体となるものが存在し、両者は区別されるという「心身二元論」、あるいは「霊肉二元論」が唱えられてきた。近代の哲学においては、デカルトが、この立場にたったことがよく知られている。

一方、イスラム教は、キリスト教以上に神の絶対性を強調する。同じ一神教であるユダヤ教やキリスト教を信じる者については、「啓典《けいてん》の民」として仲間としてとらえるが、多神教の信仰者は否定される。

しかし、そうしたイスラム教においても、ジンやイフリートと呼ばれる霊的な存在が認められている。イスラム世界に伝わる説話集『アラビアン・ナイト（千夜一夜物語）』には、数多くのジンやイフリートが登場する。

イスラム教において、そうした霊的なものの存在が否定されていないのは、コーラン（クルアーン）の第七二番目の章が「ジン」と題されているところに示されている。中田考《こう》監修『日亜対訳クルアーン』（作品社）では、この章は、「幽精《ジン》」と訳されている。

この章の最初の箇所では、「言え、『私に啓示された。幽精の一団が（私のクルアーンの読誦を）聞いて言った、「まことに、われらは驚くべきクルアーンを聞いた」』。」とある。ここで述べられていることからすれば、ジンは、人間と同様に主体性を持って行動できる存在であるということになる。

このように、一神教の世界では、神の絶対性が強調される一方で、魂や霊の存在も認められている。厳格な立場をとれば、そうした存在は否定されるべきものである。だが、魂や霊が実在していると信じる人たちは少なくない。とくにそれは民衆の間に多い。それをまっこうから否定してしまい、魂や霊の実在を信じる人々を異端として糾弾すれば、社会的な混乱が生じる。中世ヨーロッパにおける異端審問は、魔女狩りにも発展することで、そうした事態を招いたわけだが、それは教会に対する反発を招く。ある程度それを許容した方が、社会の安定には寄与する。

## 「仏性」の存在

日本の特徴は、ここまで見てきたように、古事記や日本書紀において、魂や霊の登場が、想像以上に少ないことにある。それは、何より、そうした存在が、日本では「神」としてとらえられたことが大きい。

人間や一般の生物とは区別される存在として神を想定することは、どの民族、どの社会においても見られることで、何らかの形で神を信仰の対象としない民族や社会は存在しない。

ただ、民族や社会によって、神のとらえ方は大きく異なる。一神教の世界では、神は唯一絶対の創造神としてとらえられるが、多神教の世界では、ただ一つの神が絶対視されることはなく、多様な神々が役割を異にしながら共存している。インドなどは、古代から多神教の伝統が保たれてきた。古代のギリシアも多神教であった。

日本も多神教で、現在でも、各地にある神社には祭神としてさまざまな神々が祀られている。そうした神々のなかには、古事記や日本書紀に遡るものもある。ただし、古事記と日本書紀に登場する神々は総数で三二七柱にすぎない。日本の神々については、「八百万《やおよろず》の神々」という言い方があるが、神話に遡る神々の数は必ずしも多いとは言えない。

だが、日本の場合、物語として一貫性のある神話が存在しているということが、重要な意味を持っている。日本に強い影響を与えてきた中国や朝鮮半島には、こうした神話は存在しない。中国や朝鮮半島の神話は断片的なもので、神々の世界である神代が、人間である天皇に結びつくような形をとっていない。日本では、神話と歴史が密接に結びついている。これは、ギリシア神話にも見られないことである。こうした日本神話の存在は、国学に強い影響を与えていく。その点は、次の章で見ていく。

日本では、霊や魂は神としてとらえられ、神話のなかに位置づけられている。古事記のなかに、「神」ということばは七六九回登場する。すでに見たように、魂や霊の登場回数をはるかに上回っている。万葉集でも、魂は一〇回、霊は元号に使われる場合を含め一三回しか登場しないのに対して、神は三五六回も登場している。日本の神は、絶対的な存在ではなく、創造神でもない。一神教の立場からすれば、日本の神はむしろ霊や魂に分類される。

日本神話において、魂や霊への信仰が希薄に感じられるのは、そうした存在が神として把握されるからである。

さらに魂や霊がさほど目立たないことについては、仏教の影響を考えなければならない。すでに、草木国土悉皆成仏を説く本覚思想については言及したが、この思想がそこにかかわっている。

仏教においては、無我が説かれている。また、開祖である釈迦がめざした悟りは、魂が輪廻のくり返しから脱することにあった。その点で、仏教はもともと霊や魂を否定する宗教である。

インドに生まれた仏教は、中国に伝えられることで大きく変容した。死後の魂や霊といったことについては、中国では実在するものととらえられていく。とくに死後の魂や霊のゆくえということに強い関心が寄せられた。中国では、インドにはなかった浄土教信仰が発達し、民間の習俗としては死者の霊を供養する盂蘭盆会《うらぼんえ》の行事も生まれた。日本は、そうした中国において形成された仏教的な霊魂観を受け入れていった。その点で、日本仏教において、魂や霊の実在は否定されていない。

ただ、これは本覚思想と深く関係するが、人間に宿るものとして、「仏性《ぶっしょう》」の存在に大きな注目が集まった。仏性とは、仏になることができる本来的な性格のことである。本覚思想では、草木国土にまで成仏する可能性があるとされ、仏性はあらゆる衆生《しゅじょう》に備わっていると考えられた。

草木国土悉皆成仏ということばに関連するものだが、「一切衆生悉有仏性《しつうぶっしょう》」という言い方は大乗仏典の一つ涅槃経に登場する。ただ涅槃経には、草木国土悉皆成仏は出てこない。草木国土悉皆成仏については、平安時代の天台宗の僧侶であった安然《あんねん》が、『斟定《しんじょう》草木成仏私記』のなかで、中国で作られた偽経《ぎきょう》の一つ中陰経《ちゅういんぎょう》にあるとしているが、実際には中陰経に出てこない。その点で、草木国土悉皆成仏は日本での造語と考えられる。猿楽《さるがく》から発展した能楽（謡曲）には、このことばが頻繁に登場する。

能楽には亡霊が登場し、その魂を鎮めることが物語の根幹をなしている。亡霊となってさ迷っているのは、生前の罪によるもので、物語のなかで、亡霊は罪を犯した経緯を語り、その境遇から逃れたいと訴える。その際に、草木国土悉皆成仏という教えが、亡霊に成仏の可能性を示唆するものとして持ち出されるのである。

こうした考え方は本覚思想と呼ばれるわけだが、「天台本覚思想」と言われることもある。天台は天台宗を意味する。天台宗のはじまりは中国にあり、天台智顗《ちぎ》が宗祖である。その教えを日本で取り入れたのが、日本における天台宗の宗祖となる最澄《さいちょう》だった。

天台宗では、法華経を中心的な経典として、法華経で説かれた教えを信奉する。その際に重要なことは、天台智顗が、「五時八教説《ごじはっきょうせつ》」を唱えたことである。

五時とは、釈迦が教えを説いた順番のことで、華厳時《けごんじ》、阿含時《あごんじ》、方等時《ほうどうじ》、般若時《はんにゃじ》、法華《ほっけ》涅槃時《ねはんじ》に分けられる。華厳時では、釈迦は華厳経の教えを説いたものの、それが難しすぎたため、より易しい阿含経を説いた。その後、観無量寿経や大日経、維摩《ゆいま》経などの方等経を説き、般若経を説く般若時に進んでいった。そして、釈迦は入滅するまでの八年間、法華経を説き、最期の一夜に涅槃経を説いたというのである。

ここに登場する大乗仏典が実際に作られた順番は、これとは異なる。そもそも、大乗仏典全体が、釈迦が生きていた時代に生まれたものではない。その点で、五時八教説は成り立たないわけだが、天台智顗をはじめ、当時の人々は、大乗仏典はすべて釈迦が直接に説いたものであることを前提としていた。五時八教説で重要なことは、法華経が重視されていることである。法華経は、すべての衆生が成仏できることをくり返し説いているところに特徴があり、その信奉者からは、「諸経の王」と呼ばれた。

## 怨霊としての霊

こうした教えを日本では最澄が受け継ぐことになるが、最澄は、奈良の南都六宗よりも優位な立場にたつため、天台宗の教えに強い関心を示した。最澄は、空海と同じ遣唐使船団で唐にわたるが、天台山にのぼり、そこで天台教学を学んだ。

鎌倉時代に、最澄の教えを受け継いだのが、鎌倉仏教の宗祖の一人、日蓮であった。日蓮は、釈迦は法華涅槃時になってはじめて真実の教えを説くようになったということを強調し、それ以前に説かれた大乗仏典の価値を否定した。そうした仏典は、真実の教えに導くための方便の教えを説いているにすぎないというのである。

日蓮がとくに批判したのが、法然にはじまる浄土宗の教えであった。浄土教信仰は、釈迦の真実の教えとは異なるものだというわけである。さらに日蓮は、空海にはじまる密教の信仰を否定した。密教の教えは天台宗でも重要なもので、最初にそれを取り入れたのは最澄だったが、日蓮は最澄のことは生涯批判の対象とはせず、最澄の後に中国に渡り、本格的に密教の教えを天台宗に取り入れた円仁などを強く批判した。

最澄も日蓮も、法華経では「一乗《いちじょう》」の教えが説かれていることを強調した。一乗とは、仏になることができる唯一の教えの意味で、その教えに従えば、あらゆる衆生が成仏できると説かれた。こうした教えは、草木国土悉皆成仏の考え方に結びついていく。

法華経のなかでは、「仏種《ぶっしゅ》」ということが説かれた。仏種は、仏性と同じ意味で、衆生はもともと仏になることができる種子《しゅうじ》を宿していることを意味する。仏種なり、仏性の考え方があるからこそ草木国土悉皆成仏の教えが成り立つのだ。

天台本覚思想は、天台宗という枠を超えて、日本の仏教界全体に影響を与えることになるが、この思想におけるポイントは、人間を含めた衆生は、それぞれがそのなかに仏性なり、仏種を宿しているということである。その結果、人間が魂や霊を宿しているということは重視されない。それは、仏教がもともと魂や霊の存在を認めないということとも関係する。

一方で、霊は「怨霊《おんりょう》」としてとらえられるようになる。怨霊は、恨みを抱いており、それゆえに祟《たた》りをなす存在である。怨霊には、死者の死霊《しりょう》とともに、生きている人間の生霊《いきりょう》もある。

生霊ということですぐに思い出されるのが、『源氏物語』に登場する六条御息所《ろくじょうのみやすどころ》の生霊である。六条御息所は、東宮、現在で言えば皇太子の妃であったものの、東宮の死後に、物語の主人公である源氏と恋愛関係に陥る。ところが、源氏の気持ちが次第に離れていったため、源氏の妻である葵《あおい》の上《うえ》に嫉妬し、呪い殺してしまう。

ただ、生霊の出現はさほど多くはない。怨霊として歴史の舞台に登場するのは、主に死霊である。その代表が、天神として祀られた菅原道真だが、それよりも時代が早い怨霊としては長屋王がいた。長屋王は飛鳥時代から奈良時代にかけての人物である。

長屋王の父は天武天皇の皇子であった高市皇子《たけちのおうじ》であり、母は天智天皇の皇女であった御《み》名部皇女《なべのひめみこ》である。御名部皇女は、元明天皇と母を同じくする姉であった。

長屋王は、聖武天皇の時代に左大臣となって、墾田の私有を認めた三世一身の法などを定め、権勢を振るう。左大臣は、太政官のトップである。ところが、この人事は藤原氏には歓迎されず、長屋王は七二九（神亀六）年三月に国を傾けようとしたという疑いをかけられる。藤原不比等《ふじわらのふひと》の三男である宇合《うまかい》の率いる軍勢に屋敷を囲まれた長屋王は、自刃を余儀なくされた。妻子も縊死《いし》している。

平安時代初期、九世紀のはじめに成立したものと考えられる『日本霊異記《りょういき》』では、焼却され海に捨てられた長屋王の遺骨が土佐国（現在の高知県）に流れ着き、百姓が多く亡くなったため、長屋王の祟りによるものとされ、朝廷が遺骨を紀伊国に移して葬ったという話が出てくる。

この話については真偽不明だが、長屋王が亡くなってから間もない七三五（天平七）年から七三七年にかけて疫病が流行し、宇合を含む不比等の四人の息子が相次いで亡くなるという出来事が起こった。これは、藤原氏にとっては大きな痛手だった。このとき、不比等の娘、宮子を母とする聖武天皇は長屋王の遺児たちに叙位を行っている。こうしたことが行われたことからすれば、藤原四兄弟の死は、長屋王の祟りと見なされていたことになる。

その後、宇合の長男で光明皇后《こうみょう》の甥であった藤原広嗣《ふじわらのひろつぐ》、左大臣橘諸兄《たちばなのもろえ》の子であった橘奈良麻呂《たちばなのならまろ》、聖武天皇の皇女であった井上内親王《いのえないしんのう》などが殺され、その怨霊が祟るという出来事が続く。そうした際には、怨霊を退治するために法会が営まれ、読経などが行われた。

ただ、長屋王以下の怨霊の場合には、後の道真とは異なり、神としては祀られなかった。藤原広嗣の場合には、吉備真備《きびのまきび》によって佐賀県唐津市の松浦明神《まつらみょうじん》、現在の鏡神社に祀られてはいる。ただ、鏡神社は、広嗣の怨霊を祀るために創建されたものではなく、広嗣の霊は二ノ宮に祀られている。

## 霊を神として祀る

道真以前に神として祀られた怨霊には早良《さわら》親王がいる。早良親王は、七八五（延暦四）年に、造長岡宮使《ぞうながおかぐうし》であった藤原種継《たねつぐ》の暗殺事件に連座したとして皇太子を廃され、乙訓寺《おとくにでら》に幽閉された。親王は、無実を訴えるために食を断ち、もしくは食を与えられなかったため、淡路国に流罪になる途中、河内国高瀬橋（現在の大阪府守口市高瀬町）付近で亡くなっている。

こうした悲惨な死を遂げた早良親王は、死後に崇道《すどう》天皇と追号され、奈良県奈良市西紀寺町《にしきでらちょう》にある崇道天皇社や京都市左京区上高野にある崇道神社などに祀られた。祀られたのは、前者の場合には九世紀のはじめ、後者の場合では九世紀後半のこととされる。この点で、どちらも道真を祀る北野天満宮の創建よりも早い。北野天満宮の創建は九四七（天暦元）年のことである。

このように、奈良時代から平安時代にかけて、怨霊が祟る出来事が続いた。そこには、皇位継承をめぐる争いがあり、また、藤原氏が摂関家として権力を掌握していくなかで、藤原氏以外の公家との抗争があった。道真の場合にも、右大臣に昇任した直後に左遷されたのは、そのことが左大臣だった藤原時平の意にそわなかったからだともされる。ただ、ここでは説明を省くが、事情はかなり複雑である。歌舞伎の「菅原伝授手習鑑」では、時平は悪の権化として描かれていて、そのイメージが強いが、これは明らかなデフォルメである。

時平は、道真が亡くなって六年後の九〇九（延喜九）年に三九歳で亡くなっている。ただ、その時点では、道真の怨霊によるものとはされなかった。文献の上ではじめて道真の怨霊の話が出てくるのは、道真の死から二〇年後、『日本紀略《きりやく》』の延喜二三（九二三）年三月二一日のくだりにおいてである。

当時皇太子であった保明《やすあきら》親王が二一歳の若さで亡くなったことについて、「菅帥《かんそち》の霊魂宿忿《しゅくふん》」の仕業であるという噂が流れたとされる。それも、保明親王が、時平の妹穏子《おんし》と醍醐天皇の間に生まれているからである。親王は、当時「咳病《がいびょう》」と呼ばれていたインフルエンザで亡くなったものと考えられる。

親王の死が道真の祟りではないかと言われたため、醍醐天皇は道真を元の右大臣に戻し、正二位《しょうにい》を追贈するという詔《みことのり》を出す。さらには、左遷の詔を破棄している。

これは、道真の名誉を回復するための処置であり、道真の怨霊が祟っていることが公に認められたことになる。ただ、これでは事態は収まらず、災厄が続き、そのたびに、道真の怨霊の仕業とされるようになっていく。

九二五（延長三）年には、春から天然痘が流行し、保明親王の第一子で、父親の死後皇太子となっていた慶頼王《よしよりおう》が五歳で亡くなってしまう。

延長八（九三〇）年六月二六日には、政務がとりおこなわれていた宮中の清涼殿が落雷の被害を受ける。それまで旱天《かんてん》が続いていて、諸卿《しょきょう》が集まって雨乞いの件について会議を行っていた最中のことだった。落雷によって、大納言の藤原清貫《きよつら》と右中弁内蔵頭《うちゅうべんくらのかみ》の平希《たいらのまれ》世《よ》が亡くなった。隣りの紫宸殿《ししんでん》でも三人が亡くなっている。

醍醐天皇はこの出来事に衝撃を受け、そのせいもあって三カ月後に咳病で亡くなる。四六歳であった。落雷で亡くなった藤原清貫は、道真が太宰府に左遷された際、時平から道真を監視するよう命じられた人物だった。そうした関連性があったために、道真が雷神を操っていると噂されるようになり、道真の霊と雷神とが習合することになった。

道真の怨霊は、彼を貶めたとされる人物を次々と死に追いやることで、祟りをもたらす強力な存在として恐れられるようになる。さらに、山岳修行者であった僧侶が、地獄で道真の霊に会ったという話を書き記したり、道真の霊から北野に天神を祀るよう託宣を受ける人物が現れたことで、北野天満宮が創建されることとなる。

ただ、北野には、道真が生まれる前から天神社が祀られていた。『続《しょく》日本後紀』には、承和《じょうわ》三（八三六）年二月に遣唐使のために北野に天神地祇《てんじんちぎ》を祀ったと記されている。また、元慶《がんぎょう》年間（八七七〜八八五年）には、道真の生きていた時代にあたるが、時平の父親である藤原基経《ふじわらのもとつね》が五穀豊穣を雷公（雷のこと）に祈願したとされる。さらに、醍醐天皇の子であった源高明《みなもとのたかあきら》が、有職故実《ゆうそくこじつ》について記した『西宮記《せいきゅうき》』の会裏書《えうらがみ》の一つには、延喜四（九〇五）年一二月一九日に、左衛門督《さえもんのかみ》であった藤原某《なにがし》に、豊作を祈願して雷公を北野に祀らせたとある。

ここで言われる天神社は、現在、北野天満宮の本殿のすぐ東北にある摂社《せっしゃ》の地主社《じぬししゃ》のこととされる。地主社は、天満宮創建よりも前から北野に祀られていたとされるが、その名称からは、北野の土地の地主神と考えられる。

すでに述べたように、古事記では霊や魂はあまり登場せず、そうした存在は神としてとらえられた。道真の怨霊も、神として祀ることによって鎮まり、祟りを起こさなくなると考えられた。実際、時間が経つにつれて、道真の怨霊の祟りということは言われなくなり、代わりに、道真が学問の家の人物だったことから、学問の神とされ、利益をもたらす存在としてとらえられるようになっていく。霊や魂は悪をもたらすが、その霊を神として祀れば、神は善をもたらす。そうした形で理解されていたのである。

## 供養によって成仏する精霊

怨霊による祟りをとくに恐れたのは、権力争いのなかに生きていた平安時代の貴族、公家である。彼らは日常生活を滞りなく送るために、陰陽道《おんみょうどう》などに頼った。陰陽道は、中国の儒教や道教の考え方を取り入れて日本で成立した呪いの体系である。陰陽道では、方位や日柄《ひがら》を問題にし、悪がもたらされる可能性のある方角や日時を避けるということが行われた。

また、悪をもたらす霊の観念は、庶民の間に民間信仰としても広がり、それは、「精霊《しょうりょう》」として恐れられた。この精霊を、精霊棚（盆棚）を設けて祀るのが盆に行われる施餓鬼《せがき》である。

盆は、仏教の経典である盂蘭盆経で説かれたものだが、この盂蘭盆経は中国で作られた「偽経」の一つである。仏教は中国に伝えられることで、インドの時代からは大きく変容する。サンスクリット語で記された大乗仏典は、次々と漢訳されたが、中国では、仏教の受容以前に儒教や道教が存在し、そのことが仏教を変容させることに結びつく。

インド仏教においては、家族関係が重視されず、むしろ家から離れ、各地を遊行する出家の意義が説かれた。中国の儒教では、これとは反対に、家族関係が重視され、とくに親に対しては「孝」を積むことが説かれた。この孝の考え方が、中国で仏教を変容させていくことになる。それこそが偽経としての盂蘭盆経の誕生に結びついた。

盂蘭盆経では、釈迦の弟子である目連《もくれん》が、自分の母が餓鬼道《がきどう》（常に飢えと渇きに苦しむ世界）に落とされ、苦しんでいるのを知る。しかも、やせ衰えた母に食べ物を与えようとしても、それは炎となってしまい、母の口に届かない。

そこで目連は釈迦に相談する。釈迦は、雨期に僧侶が集まって修行する安居《あんご》のときに食を施せば、その功徳によって、母にも食べ物が届くだろうと教えた。それが、施餓鬼の由来ということになる。

盆の行事がいったいいつ民衆に浸透したのか、その時期をはっきりと特定することは難しいが、村落共同体が成立したのは近世に入るころと考えられる。

村落共同体においては、死者の霊は二つに分けられる。一つは、子孫によって十分に供養されている霊で、そうした霊は追善供養を重ねることで成仏していくものと考えられた。

その一方で、成仏できずにさ迷っている霊もある。それは、行き倒れなど非業の死を遂げ、誰にも供養してもらえない人間の霊のことで、それが精霊である。

盆の期間においては、先祖の霊も精霊もともに村に戻ってくる。施餓鬼は、精霊を供養することで、祟りなどの悪さをせず、成仏してくれるように営まれる。

このように、霊という存在は、怨霊にしても、精霊にしても、恨みを残して亡くなった存在であり、それを祀るか、供養するかしなければ、祟りをもたらすと考えられた。霊は、決して好ましい存在ではないのである。

怨霊にかんしては、神として祀ることによって鎮まり、やがては善神になっていく。一方、精霊については、仏教の信仰にもとづく供養によって成仏へと導いていくことができるとされたのである。

この章で見てきたことをまとめておこう。

大和魂ということばの初出は『源氏物語』だが、そこでは中国から取り入れた学問についての知識と対比される実際的な知恵の意味で使われた。後の、日本人の精神という意味とは異なる。

そもそも古事記においては、霊や魂についてあまり言及されておらず、神には和魂、荒魂、幸魂、奇魂があるとする考え方が、すべての神に当てはまるかどうかもかなり怪しい。そして、霊や魂は、記紀神話において神と位置づけられたこともあり、直接的にはさほど関心を集めなかった。

仏教の世界においては、本来、霊や魂のことには関心が払われず、あらゆる衆生に宿るものは仏性としてとらえられてきた。仏性を宿すことで、あらゆる衆生には成仏の可能性が開かれている。

霊や魂として浮遊する存在は、怨霊や精霊としてとらえられ、恐れの対象ともなってきたが、怨霊は神として祀られることで鎮まり、精霊は供養によって成仏していくことになる。もちろん、怨霊や精霊には悪をなす危険性があるものの、それを防ぐ手立てが準備されていたわけである。

こうした形で霊や魂をとらえる日本人の精神性が変容を遂げ、やがて日本の精神の意味での大和魂という観念を生むのは、近世、明確には江戸時代になってからのことである。そこでは国学が重要な役割を果たす。国学はいかにして生まれ、それは大和魂とどうかかわるのか。それについては、次の章で扱うことになる。

# 第三章　国学、本居宣長が考えたこと

江戸時代の国学者、本居宣長《もとおりのりなが》の歌に「敷島《しきしま》の大和心を人問《ひとと》はば　朝日に匂《にほ》ふ山桜花《やまざくらばな》」というものがある。

これは、宣長が六一歳のときに描いた自画像に記された画賛である。それは、一七九〇（寛政二）年のことだった。

宣長はもう一枚、四四歳のときにも自画像を描いている。一七七三（安永二）年のことで、そちらの画賛には、「めづらしきこまもろこしの花よりも　あかぬ色香《いろか》は桜なりけり」の歌が含まれている。

六一歳の自画像では宣長の座る姿が描かれているだけである。四四歳のときのものだと、宣長の前に机が置かれ、机の上には書物があり、一冊は開かれている。脇には硯《すずり》がある。机の前には花瓶に桜の花がいけられ、花は咲いている。中年にさしかかった宣長はその桜を愛でているかのように見える。色香とあるところからすれば、その香りも楽しんでいることだろう。桜は山桜である。

宣長六一歳の歌を見て気づく人もいるはずだ。この歌のなかに登場する「敷島」「大和」「朝日」「山桜」は戦前のタバコの銘柄である。敷島が発売されたのは日露戦争がはじまった直後で、タバコから得られる税収を通しての戦費調達という目的があった。大和、朝日、山桜も同じときに発売されている。値段は敷島が一番高く八銭で、その点では高級タバコだった。大和は七銭、朝日は六銭、山桜は五銭だった。

敷島、大和、朝日は、戦前の日本で製造された戦艦の名称でもあった。第二次世界大戦末期に沈没した大和は、日本の戦艦のなかでもっともよく知られている。ただし、山桜という戦艦は生まれなかった。

さらに、戦争末期の神風特攻隊の部隊名も、敷島隊、大和隊、朝日隊、山桜隊と名づけられた。宣長の歌は、近代の日本社会では、戦争と深く結びついていた。

そこには、戦前における宣長の歌に対する評価が関係している。宣長の歌は、戦争に臨《のぞ》んだ日本人の精神を鼓舞するものとしてとらえられたのである。

ただし、宣長が使ったのは「大和心」であり、「大和魂」ではない。この二つのことばは、同じことを意味していると解釈されるかもしれないが、その点は検証する必要がある。

前の章では、大和魂ということばの初出が、『源氏物語』の「少女《をとめ》」の帖に求められることを確認した。

では、宣長が歌に詠んだ大和心はどうなのだろうか。

大和心の初出は一〇八六（応徳三）年に完成した勅撰《ちょくせん》和歌集『後拾遺《ごしゅうい》和歌集』に含まれる赤染衛門《あかぞめえもん》の歌、「さもあらばあれ大和心しかしこくは　ほぞちにつけてあらすばかりぞ」であるとされている。

赤染衛門は平安時代中期の女性歌人で、中古《ちゅうこ》三十六歌仙や女房《にょうぼう》三十六歌仙の一人にも選ばれている。夫は文章《もんじょう》博士だった大江匡衡《おおえのまさひら》で、この歌も、匡衡の歌に対する返歌として詠まれたものである。文章博士は、大学寮紀伝道《だいがくりょうきでんどう》の教官のことで、詩文と歴史を教えた。菅原道真が文章博士であったことはよく知られているが、平安時代後期以降は、菅原氏、藤原氏、そして大江氏がその職を独占し、世襲した。

『後拾遺和歌集』では、匡衡の歌の前に、「乳母せんとて、まうで来たりける女の、乳《ち》の細く侍りければ、詠み侍りける」という題詞《だいし》があり、匡衡の歌は、「はかなくも思ひけるかなちも無くて　博士の家の乳母《めのと》せむとは」というものだった。乳母として雇った女性は、十分に乳が出ないように見えたというのだが、「ち」は乳とともに知とかけられている。文章博士というインテリ家庭に入るには、知性が足りないというのだ。

それに対して赤染衛門は、たとえ乳が細く、知が足りていなくても、大和心さえ賢いのであれば、赤ん坊をまかせても大丈夫だと反論しているわけである。

この大和心ということばの使い方は、『源氏物語』における大和魂の使い方と共通している。どちらも、知性に対する知恵の意味で使われている。知性は学問の研鑽を通して身につくものだが、知恵はその人間に生来《せいらい》備わっているとされるものである。赤染衛門の歌では、知恵の方が知性よりも重要だとされている。となると、大和心と大和魂とは意味として同じであるということになる。

『今昔物語集』にも、知性と知恵とを対比させる話があり、そこでは、大和魂は「和魂」という形で出てくる。それは、巻第二九第二〇「明法博士《みょうぼうはかせ》善澄《よしずみ》、強盗に殺されし語」である。

今は昔のことである。明法博士で大学寮の教官だった清原善澄《きよはらのよしずみ》という者がいた。法律について研究する明法道の才能は申し分がなく、過去の博士にも劣らない力を持っていた。そのため、七〇歳になっても、世の中で活躍していた。ただ、家はかなり貧しくて、生活にも不自由していた。

そんなとき、住んでいた家に強盗が入り込んできた。善澄は、そこはうまくやって逃げ、板敷の下に隠れることができた。そのため、強盗には見つからずにすんだ。強盗は、家に上り込んで、勝手に物を取ったり、壊したりして、大騒ぎして出ていった。

そのとき、善澄は隠れていた板敷の下から急いで出てきてた。まだ強盗がいるのに、門のところまでやってきて、声を上げ、「やい、お前たちの顔はしっかりと見た。夜が明けたら、検非違使《けびいし》の別当に言って、片端から捕えてもらうぞ」と、たいそう腹を立てながら叫び、門を叩いて言ったものだから、強盗はそれを聞きつけ、「聞いたか、戻って打ち殺してしまおう」と言って、ばたばたと走って戻ってきた。善澄はあわてて家に戻り、また板敷の下に急いで隠れようとしたが、慌てていたため、額を縁にぶつけ、隠れることができなかった。盗人は、走って戻り、善澄を引きずり出すと、太刀で頭を散々に切りつけ、殺してしまった。強盗はそれで逃げてしまったので、そのままになってしまった。

世間の人たちは、善澄の学問の才能はかなりのものだったが、和魂に欠けていたので、こんなばかなことを言って死んでしまったのだと、その振る舞いを非難したと語り伝えられている。(以上、筆者による意訳)

『今昔物語集』の場合、滑稽な物語でも、それは教訓を引き出すために用いられており、この話でも最後の部分の原文には、「善澄、才《さえ》はいみじかりけれども、つゆ和魂《やまとだましひ》無かりける者にて、か丶る心幼き事を云ひて死ぬるなりとぞ、聞きと聞く人々に云ひ謗《そし》られけるとなむ語り伝へたるとや」とある。

明法博士は法律の専門家で、大学で律令や格式を教えた。格式は律令を補助するものである。善澄が明法博士である以上、学問の才能には秀でている。ところが、和魂つまりは知恵には欠けていたというのである。

## 反知性主義の伝統

こうした大和魂、あるいは大和心について見ていくと、現代の私たちは、トランプ大統領が誕生した際に話題になった「反知性主義」をめぐる議論を思い出す。

その際には、反知性主義は主に知性の欠如としてとらえられた。トランプ大統領には知性のかけらも見られないというのだ。しかし、反知性主義ということばを生んだアメリカの歴史学者、R・ホーフスタッターは、そうした意味で反知性主義ということばを使ったわけではない。

ホーフスタッターは、『アメリカの反知性主義』（邦訳はみすず書房）という本を書いており、この著作の原題は、“Anti-intellectualism in American Life”であった。ホーフスタッターの言う反知性主義は、知性や知的な権威、さらにはエリート主義の立場をとる知識人に対して懐疑的、批判的な主張、思想のことをさしていた。知性の欠如ということではなかったのだ。

『アメリカの反知性主義』を翻訳した田村哲夫は、トランプ大統領が誕生した際にインタビューに答えているが、アメリカにおける反知性主義は、「『知能』を重視しても『知性』を軽蔑し、さげすむことであり、学者や科学者、ジャーナリストなどが批判の矛先となってきた」と語っている。その上で田村は、トランプが勝利したのは、その知能、「インテリジェンス」にあったと分析している。

田村は、トランプは、たんに自分の感性や感情をそのままことばにして表現しただけではなく、「こういえば、受ける」ということを計算し尽くした上で臨んでおり、人を説得する技術こそが「インテリジェンスの大きな武器の一つ」だというのである（「トランプ勝利の根因、『反知性主義』とは何か　『知能』が『知性』を打ち負かした」『東洋経済オンライン』二〇一六年一一月二九日付）。

もう一人、トランプと反知性主義の関係について論じているのが国際基督教大学学務副学長の森本あんりである。森本には、『反知性主義―アメリカが生んだ「熱病」の正体』（新潮選書）という著作がある。森本も、「政治の素人で、憎悪や偏見に満ちた過激な発言を繰り返すトランプ」が支持されてきた背景に反知性主義の存在を見ている。

トランプは、「反ワシントン」や「反エスタブリッシュメント」をスローガンに掲げたが、森本によれば、こうした主張は一九世紀以来何度もアメリカに現れてきたという。反知性主義は、知性そのものではなく、知性と権力との結びつきが固定化されることへの反発であり、その源流は、アメリカの独立前から盛んになったキリスト教の「リバイバリズム（信仰復興運動）」にあるというのである（「大統領選トランプ現象、反知性主義の伝統」『中外日報』二〇一六年四月二七日付）。

アメリカで、このリバイバリズムの流れをくんでいるキリスト教徒は、「福音派」と呼ばれる。福音派という言い方をすると、キリスト教のプロテスタントにおける一つの宗派のように思われるかもしれない。だが、英語では"Evangelical"であり、むしろ「福音主義」と訳した方が実情にあっているかもしれない。現代のアメリカでは、福音派という言い方は広く使われており、科学的な見方を許容する「自由主義神学」とは対立関係にある「原理主義」の傾向が強い人々のことをさしている。福音派は、聖書に書かれていることを文字通りに信じ、学校で子どもたちに進化論を教えることや、人工妊娠中絶に反対する。進化論は神による創造を否定することになるし、神は、堕落した人間たちを大洪水で一掃した後、生き残ったノアとその息子たちに「産めよ、増えよ、地に満ちよ」と告げているからである（「創世記」）。その点で福音派は、キリスト教の教えに徹底して従おうとする「キリスト教原理主義」としてもとらえられる。現在では、「イスラム教原理主義」に注目が集まっているが、その元はキリスト教原理主義である。

現代のアメリカでは、福音派が人口全体の二五パーセント程度に及び、一大勢力を築いている。だからこそ、トランプ大統領を誕生させたのであり、かつてはロナルド・レーガンやブッシュ父子といった共和党の大統領を生んできたのである。

大和心や大和魂の強調は、知恵を知性よりも重視する点で、日本的な反知性主義としてとらえることができる。したがって宣長は、反知性主義の立場にたつ思想家であったと見ることができるのである。

### 市井の人間として生きる

宣長は、古事記に対する注釈書であり、ライフワークともいうべき『古事記伝』を一七六四（明和元）年から書きはじめ、九八（寛政一〇）年に脱稿している。脱稿した年に『うひ山ぶみ』という著作を刊行している。これは、入門したての門人に、宣長がもっとも重視する「まことの道」について解説したものである。

『うひ山ぶみ』のなかで宣長は、めざすべきは「道の学問」であるとし、その道とは、天照大神が定めたものであるとする。宣長は、道の学問を進める上で重要な事柄について、「また件《くだん》の書どもを早くよまば、やまとたましひよく堅固《かた》まりて、漢意《からごころ》におちいらぬ衛《まもり》にもよかるべき也。道を学ばんと心ざすともがらは、第一に漢意、儒意《じゆごころ》を清く濯《すす》ぎ去りて、やまと魂《たましひ》をかたくする事を要とすべし」と述べている。

ここに「やまとたましひ（魂）」が登場する。大和魂をかためることが漢意に陥らない予防策にもなるので、道を学ぼうという志を持つ人間は、漢意や儒意をさっぱりと洗い落とし、大和魂を堅固にすることが肝要だというのである。

ここでも、大和魂は漢意と対比されている。大和魂は、中国の思想や、儒教の考え方にもとづく知性とは異なる、日本人に固有な知恵のあり方を意味している。まさにこれは、日本的な反知性主義の宣言である。

宣長は、一七三〇（享保一五）年に、伊勢の松坂（現・松阪市）に生まれた。父は小津三《おづさ》四右衛門定利《じえもんさだとし》で、母はお勝だった。家は、江戸に店を出すほどの立派な商家だったものの、宣長が一一歳のときに、父が亡くなってしまったため、江戸の店も閉じざるを得なかった。母は、そうしたなか苦労しながら宣長を育てるが、二三歳になった宣長に医師になるよう勧め、京都で医学の勉強をさせた。母の意向について、宣長自身、「くすしのわざをならひ、又そのために、よのつねの儒学をもせむとてなりけり」と述べている（子安宣邦『本居宣長』岩波新書）。

当時の医学は、西洋医学が入ってくる以前なので、中国由来の漢方である。漢方の重要な基盤の一つである古医方《こいほう》について、解剖学者で医史学者の小川鼎三《ていぞう》は、「瞑想的要素の多い金元《きんげん》の医学を排して、『傷寒論《しようかん》』のような古い時代のものがいっそう実際に即しているからそれを学ぶべしとする古医方が、十八世紀の日本でしだいに勢力を伸ばしてくる。その学派の人びとを古方家《こほうか》という」（『医学の歴史』中公新書）と述べている。そうした傾向は、「儒学における復古派の発展と併行して」おり、そのため儒者が医者を兼ねることが多く、そうした人間は儒医と呼ばれたという。

寺澤捷年《かつとし》は、「古医方の勃興と古義学・古文辞学・古学―その全体像の俯瞰」（『日本東洋医学雑誌』Vol.61 No.7）という論文のなかで、古医方の勃興と儒学における復古の動きがいかに関連していたか、その全体像を明らかにしようとして、伊藤仁斎《じんさい》からはじまるその系譜を追っている。そのなかには、宣長も出てくるが、宣長が京都で儒学を学んだ堀景山《ほりけいざん》も登場する。

宣長は、武川幸順《たけかわこうじゅん》に医学を学び、堀景山から儒学を学んでいる。一七五二（宝暦二）年に上京したおりには、最初、綾小路室町の景山宅に身を寄せ、そこに二年半滞在した。その後、幸順宅に移っている。景山のところでは、すぐに易経《えききょう》の素読《そどく》がはじまり、続いて詩経、書経、礼記《らいき》へと進んだ。いずれも、儒教の基本的な文献である四書五経《ししょごきょう》に含まれる（熊野純彦『本居宣長』作品社）。

寺澤は、宣長の学問は、論理性の高い言語学的検証を基盤とした実証主義であるとし、そこに景山の影響を見ている。景山は、古文辞学者である荻生徂徠《おぎゅうそらい》と往復書簡を交わしており、徂徠の学問に関心を持っていた上、契沖《けいちゅう》の歌学《かがく》にも精通していた。宣長は、景山を通して、徂徠の学問を知り、契沖の著作に接することで、和歌をはじめとする古典文学に目覚めた（前掲子安『本居宣長』）。

「国学」ということばは、契沖に学んだ荷田春満《かだのあずままろ》のころから使われるようになるが、宣長は景山を通して国学を知ったのである。

宣長は、一七五七（宝暦七）年に京都から松坂に戻り、医師を生業とする。それは、生涯変わらない。九二（寛政四）年に松坂を領地としていた紀州藩に仕官し、和歌山城などで講義をしたこともあったが、生活の基盤はあくまで松坂にあり、そこからたまに和歌山に通う形をとっていた。仕官したときには、すでに六三歳になっていた。六一歳で自画像を描いたときには、まだ仕官していない。その時点で宣長は、生涯、市井《しせい》の人間として生きようと考えていたはずである。宣長が反知性主義と言える主張を展開するのも、こうした境遇が強く影響していた。

ただの町医者が、その後の日本社会に多大な影響を与えたことは注目に値する。この時代の日本には、まだ大学というものが存在しなかった。ヨーロッパでは一二世紀から一三世紀にかけて最初の大学が各地に誕生したが、日本で大学が生まれるのは明治時代になってからのことである。たとえば、カントやヘーゲルといった宣長と生きた時代が重なるヨーロッパの哲学者は大学の教授だった。

古代から中世の日本では、学問は律令制度のなかに組み込まれており、文章博士や明法博士が大学の教授の役割を果たした。文章博士が教える詩文は漢詩文であり、明法博士が扱う律令も漢文で記されていた。江戸時代に入ると、各藩は藩校を設け、藩士の教育を行ったが、そこで教えられるのも漢学であり、儒学であった。

## 『源氏物語』が学問のテキスト

宣長は、二三歳で上京した際には、医学とともに漢学も儒学も学んだ。にもかかわらず、漢学や儒学を自らの学問の中核に据えることはなかった。むしろ、漢学や儒学を否定し、漢意や儒意を排斥することが肝要であると主張した。それは、京都で学問を学ぶなかで、日本の古典に目覚め、その価値を正しくとらえるべきだと考えるようになったからである。

そうした学問を進める上で、宣長が強い関心を示したのが『源氏物語』である。松坂に戻った宣長は二九歳のときから『源氏物語』についての講義を行っている。『源氏物語』についての講義は宣長が亡くなるまで三回半行われている。

宣長の『源氏物語』についての注釈書が一七九六（寛政八）年に成立した『源氏物語玉《たま》の小櫛《おぐし》』全九巻である。六一歳の自画像を描いてから六年後のことで、刊行されたのは九九（同一二）年である。宣長の最晩年に刊行された著作である。

ただ、そのうち、総論にあたる第一巻と第二巻は、一七六三（宝暦一三）年に宣長が書いた『紫文《しぶん》要領』上下二巻を改訂したものであった。なお、第三巻も、『紫文要領』と同時期に成立したと考えられる『源氏物語年紀考』の改訂である。

後者は、『源氏物語』につづられた出来事が、光源氏や、物語後半の主人公である薫《かおる》のいったいいつの年齢に起こったのかを考証したものである。宣長がこの書物を著したことで、それまで広く用いられていた室町時代の公卿《くぎょう》で古典学者の一条兼良《かねよし》の考証は「旧年《とし》立《だて》」と呼ばれ、宣長の考証は「新年立」と呼ばれるようになる。それだけ、宣長の考証は画期的なものだった。

宣長が、学問をはじめるにあたって、『源氏物語』というテキストを選択したことは極めて重要である。というのも、儒学の立場からすれば、『源氏物語』に描かれている出来事は、光源氏の無軌道な恋愛である。最たるものは、光源氏が父の桐壺帝《きりつぼてい》の妃と密通し、子まで設けてしまう出来事である。それは、儒教の説く最重要の徳目である孝に反する。

また、儒教とともに中国から伝えられた仏教の立場からしても、色恋沙汰を描き続けた作者の紫式部は死後地獄に堕ちたとされるようになり、その霊を供養するために「源氏供養」が行われるようになる。「源氏供養」は、能の演目ともなっている。

江戸時代の儒学者である室鳩巣《むろきゅうそう》は、その随筆『鳩巣小説』において、儒学に傾倒した第一一〇代の後光明《ごこうみょう》天皇が『源氏物語』を「淫乱の書」として否定する次のような見解を紹介している。

同帝（後光明天皇）常々被仰候は、吾国朝廷の衰微いたし候は和歌の発興と源氏物語の行はれ候との二つより起候。（中略）況、源氏は淫乱の書に相極候旨被仰候て、一向歌は不被為読候。源氏、伊勢の類は御目通へも遣不申候。

後光明天皇は、朝廷が衰退した原因として和歌と源氏物語をあげ、そうしたものには目を通すこともなかったというのである。宣長が和歌を詠むことを重要視したことからすれば、後光明天皇とは対極的な立場にあったことになる。

儒教的な倫理道徳の観点からは到底容認できない『源氏物語』をいかに肯定的に評価するのか。その課題に直面した宣長が持ち出してきたのが、あるいは発見したのが、「もののあはれ」という観点であった。

『紫文要領』においては、『源氏物語』の本質は、もののあはれを知ることにあるとし、「世の中にありとしある事のさま〴〵を目に見るにつけ耳に聞くにつけ、身にふるゝにつけて其よろづの事を心にあぢはへて、そのよろづの事の心をわが心にわきまへしる、是事の心をしる也、物の心をしる也、物の哀れをしるなり」と述べていた。

そして『源氏物語玉の小櫛』になると、宣長は、『源氏物語』について、「此物語は、よの中の物のあはれのかぎりを、書きあつめて、よむ人を感ぜしめむと作れる物」であるととらえるようになった。

こうした宣長の『源氏物語』についての見解を高く評価したのが、哲学者の和辻哲郎《わつじてつろう》であった。和辻は、「『もののあはれ』について」(『日本精神史研究』岩波文庫)のなかで、次のように述べている。

「もののあはれ」を文芸の本意として力説したのは、本居宣長の功績の一つである。文芸は彼は平安朝の文芸、特に『源氏物語』の理解によって、この思想に到達した。文芸は道徳的教誡を目的とするものでない、また深遠なる哲理を説くものでもない、功利的な手段としてはそれは何の役にも立たぬ、ただ「もののあはれ」をうつせばその能事は終わるのである、しかしそこに文芸の独立があり価値がある。このことを儒教全盛の時代に、すなわち文芸を道徳と政治の手段として以上に価値づけなかった時代に、力強く彼が主張したことは、日本思想史上の画期的な出来事と言わなくてはならぬ。

和辻も、当時の社会の規範が儒教に求められていたとしており、そのなかで、道徳や哲理、あるいは、功利的な手段から離れた文芸の価値を、宣長が主張したことに意義を見出している。

## もののあはれという考え方

では、もののあはれとは何なのか。

和辻は、宣長が『源氏物語玉の小櫛』のなかで、あはれについて「見るもの、聞くもの、ふるゝ事に、心の感じて出る、嘆息《なげき》の声」と述べたり、「人の情のさま〴〵に感ずる中に、うれしきこと、をかしきことなどには、感ずること深からず、たゞ悲しきこと憂きこと恋しきことなど、すべて心に思ふにかなはぬすぢには、感ずることこよなく深きわざなるが故に、しか深き方をとりわきて」と述べたりしていることを踏まえ、「『感情』を対象に即して言い現わしたものと見ることができよう」としている。

和辻は、もののあはれについてさまざまな考察を行った上で、その特性を「永遠への思《し》慕《ぼ》に色づけられたる官能享楽主義」「涙にひたれる唯美《ゆいび》主義」「世界苦を絶えず顧慮《こりょ》する快楽主義」、あるいは、「官能享楽主義に囚《とら》われた心の永遠への思慕」「唯美主義を曇らせる涙」「快楽主義の生を彩る世界苦」などにあるとしている。

その上で和辻は、大和魂について考える上で重要な指摘を行っている。宣長は、「人性《じんせい》の奥底に『女々《めめ》しきはかなさ』をさえも見いだすに至った」とし、「これはある意味では『絶対者への依属の感情』とも解せられるものである」というのである。

この指摘の重要性は、宣長が生涯をかけてつづっていった『古事記伝』の作業の持つ意味を考えることで明らかになってくる。

そのことについてふれる前に、一つ考えておかなければならないことがある。

宣長が、もののあはれという考え方を引き出してくるための素材とした『源氏物語』は、朝廷を舞台にした長大な恋愛小説である。一〇〇〇年ごろに成立したとされるわけだが、世界的に見ても、この時期にこれだけ本格的な小説が書かれたことの意義は大きい。

主人公は光源氏である。光源氏は、醍醐天皇をモデルにしたともされる桐壺帝の子で、幼いころからたぐいまれなる美貌を持ち、才能にもあふれていた人物として描かれる。そのために、皇太子の候補ともなるが、桐壺更衣《きりつぼのこうい》と呼ばれる母にしっかりとした後ろ盾がないことから臣籍降下《しんせきこうか》したという設定になっている。

本来なら皇位に就くはずだったということも関連しているのだろうが、光源氏は恋多き男性で、多くの女性たちと関係を持つ。そのなかには、桐壺帝の後宮《こうきゅう》に入った藤壺も含まれ、藤壺が産んだ冷泉帝《れいぜいてい》は、実は光源氏の子であった。ここがまさに儒教的な倫理道徳に反するところである。

だが、『源氏物語』が書かれた直後から注目を集め、多くの読者を引きつけたのも、そうしたスキャンダルが豊富に盛り込まれていたからだ。最初期の読者は、著者の紫式部と同様に、朝廷に仕えていた女性たちと考えられるが、彼女たちは、誰が登場人物のモデルなのかを詮索しながら物語を読んでいったはずである。

『源氏物語』がどのように成立したかについては、多くの研究があり、さまざまな説が提起されているが、おそらくは、最初に書かれた「桐壺の巻」が好評で、続編を期待されたことで、書き継がれ、ついには長大な作品に発展していったのだろう。最初から、全体の構成が定まっていたとも思えない。

物語に対する期待が高まっていくなかで、作者である紫式部としては、よりスキャンダルな内容を盛り込んでいくことで読者を引きつけようとしたに違いない。紫式部が地獄に堕《お》とされたという伝承が生まれたのも、彼女が朝廷における愛欲を徹底的に描き出したからである。

『源氏物語』を、宣長はどのように読んだのだろうか。もののあはれの指摘は理論的なものであり、実際に読んだときの素直な感想とは言えない。知りたいと思うのは、彼が朝廷におけるスキャンダルの部分をどのように読んだかである。宣長は、そこに興味を抱いたのだろうか。また、興味を抱いたとしたら、光源氏の性関係にも当然関心が向けられたであろう。

宣長は医者を正業としていたわけで、古典を読むのは、その仕事が終わった夜だったはずだ。静かな夜、一人机に向かった宣長が『源氏物語』を読んでいる。そのとき、彼には物語に描かれた官能や耽美、そして快楽はどのように受け取られたのだろうか。宣長は、もののあはれについて、「心の感じて出る、嘆息の声」と表現したわけだが、嘆息という表現は官能の世界に通じる。そうした想像を働かせることも、大和魂について考える上で重要なことではないか。そのことについては、どこかでまたふれる必要があるだろう。

## 師から託された古事記研究

宣長が古事記の研究に進む上で重要な意味を持ったのが、賀茂真淵《かものまぶち》との出会いであった。

宣長は、晩年の一七九五（寛政七）年から死後の一八一二（文化九）年にかけて刊行された随筆集『玉勝間《たまがつま》』で、「皇国《みくに》のいにしへの意《こころ》をおもふに、世に神道者といふものの説《とく》おもむきは、みないたくたがへりと、はやくさとりぬれば」と述べている。古代の日本人の考え方を見ていく上で、神道家の説いてきたことはどこか違うと考えてきたというのだ。

そうしたなか、宣長は真淵の著作『冠辞考《かんじこう》』に出会う。その結果、真淵を慕う気持ちが高まっていった。

そんなおり、田安《たやす》徳川家に和学御用掛《ごようがかり》として当主の田安宗武《むねたけ》に仕えていた真淵は、宗武の命令で伊勢や大和、山城を経巡《へめぐ》った。その途中、宣長のいた松坂にも立ち寄る。そのときは会うことができなかったが、帰りにふたたび松坂に寄ったため、宣長は真淵に会うことができた。その際に、宣長は真淵から、生涯に一度直接に教えを受ける。その後は、文通によって教えを受けている。

このエピソードは、戦前、「松阪の一夜」と題して尋常小学校の国語読本に採用された。師に対して忠を尽くすことが重視された時代において、これは、その価値を明確に示す格好の素材だった。

では、宣長は真淵から何を教えられたのだろうか。

宣長は、『玉勝間』のなかで、自分はそのころ、古事記の注釈をしようと考え、真淵にもそのことを伝えたと述べている。ところが、真淵は、自分にもその志はあるものの、そのためには、「まづからごゝろを清くはなれて、古へのまことの意をたづねえずばあるべからず」と述べ、古語を明らかにしなければならないと説いた。まずは万葉集について学ぶ必要があるというのだ。

前掲の子安は、真淵が『万葉集大考』のなかで、「いにしへの世の歌は、人の真ごゝろ也」と述べていることにふれ、彼にとって万葉集の歌は、そこに回帰したいと望む「心の原郷」であるとしている。ところが、宣長の方は、万葉集の歌を学ぶことは、あくまで古事記を解釈する上での前提となる作業ととらえていたというのである。

そこに、師と弟子との考え方の違いがあり、実際、両者は、往復書簡を交わすなかで、意見が対立することもあった。しかし、宣長は、師の真淵によって、古事記の注釈の作業が自分に託されたのだと考え、『古事記伝』を執筆する作業をはじめる。それは、松坂の一夜の翌年のことだった。

『古事記伝』の意義について、評論家の加藤周一は、『日本文学史序説』（ちくま学芸文庫）のなかで、「その内容は、『古事記』の最初の詳細な註であるという点で、画期的であり、各語の用例を周到に比較検討する実証的な方法の駆使という点で、独創的であり、今日なお『古事記』解釈の出発点たり得るという点で、不滅の業績である」と評価している。

日本の神話をつづったものとしては、古事記のほかに日本書紀がある。日本書紀は、朝廷が定めた正式な歴史書、「正史」であったが、古事記はそうした位置づけはされていなかった。また、日本書紀やそれに続く続日本紀《しょくにほんぎ》に、古事記編纂のことについて記されていないことから、一八世紀半ばから偽書説が唱えられるようになる。それはまさに宣長が、『古事記伝』執筆の作業をはじめようとしていた時代にあたる。

『古事記伝』の版本《はんぽん》がすべて出たのは一八二二（文政五）年のことだが、それから八年が経った三〇（文政一三）年には、宣長と同様に国学者であった沼田順義《ゆきよし》が、『級長戸風《しなどのかぜ》』という著作において、続日本紀に古事記が天皇に献上されたことについての記載がないことなどから、古事記全体を後世の偽作と見なした。

しかし、万葉集では古事記という書名に言及され、一部だが、古事記の文章を引用しているところもある。古代史学者の上田正昭は、そうした点などから、古事記全体を偽書とする説や、その序を偽作とする説は成り立たないとしている（『私の日本古代史（下）「古事記」は偽書か―継体朝から律令国家成立まで』新潮選書）。

古事記は、日本の神々がどのようにして生まれてきたのかについて述べた神話である。そうした事柄は日本書紀にも記されている。ただ、神々の物語は、初代の天皇とされる神武天皇の物語につながっており、神々と天皇とが系譜上つながりがあることが示されている。伊邪那岐命《いざなぎのみこと》と伊邪那美命《いざなみのみこと》から天照大神が生まれ、天照大神からは天忍穂耳尊《あめのおしほみみのみこと》、天孫《てんそん》降臨《こうりん》を果たした瓊瓊杵尊《ににぎのみこと》、火折尊《ほおりのみこと》と続く。そして火折尊の子である鸕鶿草葺不合尊《うがやふきあえずのみこと》と玉《たま》依姫《よりひめ》が結ばれて生まれたのが神武天皇であるとされる。古事記では、第三三代の推古天皇のことまでが記されている。

歴代の天皇のなかで、どの天皇から実在したかということは難しい問題で、さまざまな説が立てられている。しかし、推古天皇は六世紀から七世紀にかけての人物で、歴史的に実在したことは間違いない。古事記は、架空の神話が現実の歴史と連続性を持つような形で記述されている。

現代の感覚では、神話は架空の物語としてとらえられ、歴史とは区別されている。ただ、古事記が編纂された古代の人々は、神話と歴史を明確には区別しなかったであろう。それは、宣長にも共通して言えることだった。

## 他国に優る国

『古事記伝』は全部で四四巻からなる長大なものだが、巻一は総論としての性格をもっている。そこに収められている章は、「古記典等《いにしえぶみども》総論《のすべてのさだ》」「書紀の論ひ《あげつら》」「旧事紀《くじき》といふ書《ふみ》の論《ろん》」「記《ふみ》の題号《な》の事」「諸本又註釈の事」「文体《かきざま》の事」「仮字《かな》の事」「訓法《よみざま》の事」「直毘霊《なおびのみたま》」となっている。巻二は、古事記の序についての解釈、ならびに神々の系譜、さらに代々の天皇の皇統図を含んでいる。そこでは、神々の系譜と皇統は連続する形で記されており、宣長のなかでも神話と歴史とが区別されていなかった可能性が示されている。

巻一のなかで、日本古来の精神のあり方にふれたのが、「直毘霊」である。これは、「道といふことの論ひ《あげつら》なり」という副題がつけられており、宣長独自の「古道論」が展開されたものとして、宣長の死後の一八二五（文政八）年には単行本としても刊行されている。

なお、巻一、二の草稿本に、宣長自筆の『古事記雑考』があり、そこに含まれる「道テフ物ノ論」が、「直毘霊」に相当する。

この「直毘霊」は、次のようにはじまる。

皇大御国《すめらおほみくに》は、掛《かけ》まくも可畏《かしこ》き神御祖《かむみおや》天照大御神《あまてらすおほみかみ》の、御生坐《みあれませ》る大御国《おほみくに》にして、〔万ノ国に勝《すぐ》れたる所由《ゆえ》は、先《づ》こゝにいちじるし。国といふ国に、此ノ大御神の大御徳《おほみめぐみ》かゞふらぬ国あらめや。〕大御神、大御手《おほみて》に天《あま》つ璽《しるし》を捧持《ささげもた》して、〔御代御代に御《み》しるしと伝《つた》はり来《き》つる、三種《みくさ》の神宝《かむだから》は是ぞ。〕

「かゞふらぬ」とは、被らないの意味である。ここに見られるのは、子安も指摘しているように、日本の自己神聖化であり、天照大神の現れた日本は「大御国」であり、他国に優っているとする。なぜ優っているのか。それは、三種の神宝（神器）が伝えられてきたことに求められている。

宣長としては、日本が他国に優れていることは自明のこととらえられている。だが、三種の神宝が伝えられていることがなぜ日本の貴さの証拠になるのか。それが、一定の基準にもとづいて日本と外国を比較した上で下された結論でないことは明らかである。

日本が優れているということは、日本の音と、中国の三音（漢音、呉音、唐音）とを比較した『漢字三音考』でも、次のような形で指摘されている。

万ノ物モ。事モ皆勝《すぐ》レテ美《めでた》キ中ニ。殊ニ人ノ声音言語ノ正シク美《めでた》キコト。亦夐《はるか》ニ万国ニ優《まさり》テ。其音晴朗トキヨクアザヤカニシテ。譬ヘバイトヨク晴タル天ヲ日中ニ仰ギ瞻《み》ルガ如ク。

宣長は、気持ちよさそうにこの文章をつづっているが、なぜ日本語の音が優れているのか、明確な根拠が示されているわけではない。

日本という国が世界の他の国より優れていると称賛することで、大和心、ないしは大和魂にある大和の価値が変化を遂げていくこととなった。大和はたんに日本という国の名称、呼称にはとどまらない。それは、他国に優る国としてとらえられたのだ。

大和魂（心）は、漢意（儒意）と対比されるもので、漢意が学問の積み重ねによって得られる知性を意味したのに対して、本来備わった知恵としてとらえられた。その段階でも、大和魂は漢意に優るものととらえられていたわけだが、対比されたのは知性と知恵だった。今度は、大和と中国などの国々とが対比され、その優位性が強調されたのである。

さらにそこには、神のことがかかわっていく。古事記は神々の物語になるわけだが、『古事記伝』巻三の最初の部分では、宣長が神をどのようにとらえていたかが示されている。それは、次のようにである。

凡《すべ》て迦微《かみ》とは古御典《いにしえのみふみども》等に見えたる天地の諸《もろもろ》の神たちを始めて、其を祀れる社に坐す御霊《みたま》をも申し、又人はさらにも云《い》はず、鳥獣《とりけもの》木草のたぐひ海山など、其余《そのほか》何にまれ、尋常《よのつね》ならずすぐれたる徳《こと》のありて、可畏《かしこ》き物を迦微とは云なり。〔すぐれたるとは、尊きこと、善きこと、功《いさお》しきことなどの、優れたるのみを云に非ず、悪《あし》きもの、奇《あや》しきものなども、よにすぐれて可畏きをば神と云なり。〕

神という観念は人類全体に共通するものである。ただ、ユダヤ教からキリスト教、イスラム教へと至る「セム的一神教」においては、神は創造神であり、唯一絶対の存在ととらえられている。

これに対して、多神教の世界では、数多くの神々が信仰の対象となり、そのなかには中心的な神も存在するが、唯一絶対の創造神は存在しない。日本もまた多神教の国である。宣長の神についての解説、あるいは定義は、当然にも日本を念頭においたものである。

宣長は神を三つの種類に分けている。

一つは、古事記などの神話に登場する神々であり、もう一つは、各地の神社に祀られている神々である。さらには、人、鳥獣、草木、海山などで、優れた徳のあるものを神に含めている。これは、日本での神についての信仰の実態を踏まえたものである。

注目されるのは、「すぐれたるとは」以下の補足の部分である。神の条件であるすぐれているということは、貴いとか、善いとかだけではなく、その反対に悪いもの、不思議なものであっても、通常のものより優っていれば、それは神だというのだ。

一神教の世界では、神は善なる存在としてとらえられている。ところが、神を絶対的に善なる存在として想定してしまうと、その神が創造した世界になぜ悪が生まれるのかという矛盾が生じる。これは、一神教が直面せざるを得ない難問なのだが、多神教の世界では、善神《ぜんしん》とともに悪神《あくしん》を想定することで、この難問を回避することができる。宣長の考え方は、まさにこれである。

## 世の中には善と悪が存在する

宣長は、この世において悪をもたらす神として「禍津日神《まがつひのかみ》」を想定した。

『古事記伝』巻六では、まず、「貴きも賤きも善も悪も、死ぬればみな此ノ夜見ノ国に往くとし、「世ノ中の諸の禍事《まがこと》をなしたまふ禍津日ノ神は、もはら此ノ夜見ノ国の穢《けがれ》より成《なり》坐《ます》るぞかし」と述べている。さらに、「世間にあらゆる凶悪事邪曲事《あしきことよこしまなること》などは、みな元は此ノ禍津日ノ神の御霊より起こるなり」としている。

禍津日神は、古事記に登場する神である。伊邪那美命を追って黄泉《よみ》の国へ行った伊邪那岐命が、そこから戻ってきて、黄泉の国の穢れを祓ったときに、八十禍津日神《やそまがつひのかみ》と大禍津日神《おほまがつひのかみ》の二柱の神が生まれたとされる。

伊勢神宮内宮の第一の別宮である。荒祭宮《あらまつりのみや》の祭神は、天照大神の荒魂とされるわけだが、『中臣祓訓解《なかとみのはらえくんかい》』や『倭姫命世記《やまとひめのみことせいき》』といった中世の神道書では、祭神の別名として、祝詞の一つである大祓詞《おおはらえことば》に登場する瀬織津姫《せおりつひめ》とともに、八十禍津日神の名があげられている。

こうした中世神道の考え方に従えば、天照大神は善神であるものの、その荒魂である八十禍津日神は、悪神として世に悪をもたらすことになる。これによって、世の中に善と悪がともに存在することの説明がつく。では、人間は、八十禍津日神が悪をもたらしたとき、どうそれに対処すればよいのだろうか。

それについて、「直毘霊」では、「此ノ天地《あめつち》のあひだに、有リとある事は、悉皆《ことごと》に神の御心なる中に、禍津日神の御心のあらびはしも、せむすべなく、いとも悲しきわざにぞありける。然《しか》れども、天照大御神高天原《たかまのはら》に大坐々《おほましまし》て、大御光《おほみひかり》はいさゝかも曇りまさず」と述べられている。

この世界に起こる出来事はすべて神の心にもとづくものであり、禍津日神の心が荒ぶるのは、手のほどこしようのないことで、悲しいとして受けとめるしかない。ただ、そうであっても、高天原にある天照大御神の放つ光はまったく曇ることはないというのである。

ここで、和辻の指摘が思い起こされる。もののあはれについて考察を進めた宣長は、人の心の奥底にある「女々しきはかなさ」を見出したというのだ。それは、「絶対者への依属の感情」としてとらえることができる。禍津日神のなす悪をただただ受け入れるしかないとしているのも、これが関係しているであろう。

問題は、これに続く部分である。

宣長は、日本を他国と比較する。他国では、主が定まっていないので、ただの人間が王となり、王がまたただの人間になるという出来事が起こる。その際に、王の位を奪おうとして失敗した者を「賊」と呼び、反対に成功した者を「聖人」とする。要は、聖人も賊が成り上がった者にすぎない。

これに対して、我が国の天皇は、賤しい他の国々の王とは根本的に異なっている。この国を生んだ神によって授けられた皇統に属しており、最初から、天皇によって統治される国と定まっている。

その上で宣長は、「大御神の大命《おほみこと》にも、天皇悪《あし》く坐シまさば、莫《な》まつろひそとは詔《のり》たまはずあれば、善《よ》く坐サむも悪《あし》く坐サむも、側《かたはら》よりうかゞひはかり奉ることあたはず」と述べている。

天照大神が、天皇が悪をなしたときには、それに従うなと述べているわけではないので、天皇が善をなしても、悪をなしても、その位を横から奪おうなどとするべきではないというのだ。

宣長は、日本を他国より優れた国であるとするだけではなく、他国を賤しいととらえている。なぜ日本が優れているのか、それは、王朝の交代がなく、皇統が国を生んだ神に遡るからだ。宣長は、古事記を読み解くことで、そうした考えに行き着いた。古事記に記されたことをそのまま文字通りに信じるということでは、「古事記原理主義」の立場をとっていることになる。

これは、アメリカにおける反知性主義が福音派を生んだことと似ている。福音派は、聖書に書かれていることを文字通りに信じる点で「キリスト教原理主義」である。

イスラム教の信者は「ムスリム」と呼ばれるが、これはアラビア語で帰依者を意味する。唯一絶対の神に帰依するということは、すべてを神に委ねるということである。イスラム教では「六信」ということが言われ、信仰の対象が定められているが、そのなかに「定《てい》命《めい》」がある。これは、この世界に起こる出来事はすべて神によって定められたものであるということである。たとえ、悪いことが起こっても、神はそこに何らかの意味を与えている。ただ、その意味がいかなるものなのかは、少なくとも生あるあいだ人間は知ることができない。宣長の神についての考え方は、こうしたイスラム教の神観と似ているとも言える。

宣長は『源氏物語』を読むことを通して、もののあはれということに行き着いた。それは、漢意を排したところに見出される日本人の原初的な感情の表れであり、宣長はそこに価値を見出した。

さらに宣長は古事記の注釈の作業を行うなかで、日本が他国に優っている理由を、皇統が神から代々の天皇に継承されていることに見出していった。そして、神については、善神と悪神が存在し、それがこの世の出来事を生んでいくととらえた。神に対して人間が働きかけていくことはできず、たとえ悪いことが起こってもそれを受け入れるしかない。大和魂を固めるとは、その覚悟を持つことを意味する。

宣長は市井の思想家であり、反知性主義の立場にたったからといって、運動家ではなかった。大和魂を固めることも、あくまで個人としての覚悟の表れであり、それが何らかの行動に結びつくものではなかった。宣長は、自らの考えを門人たちに教えはしたものの、社会を変えるための行動に打って出たわけではなかった。

しかし、宣長の思想は、その門人をはじめ、多くの人間たちに影響を与えていく。それはたんに思想的な次元でのことにはとどまらず、行動を生むことにもなっていく。宣長の思想はどう受け継がれ、そのなかで大和魂はどのようにとらえられていったのか、次にはそれを見ていくことになる。

# 第四章　平田篤胤による魂のゆくえ

## 後世の評価

前の章で見たように、本居宣長は、漢意《からごころ》を排し、大和魂を固めることに重きをおき、さらには古事記の注釈作業をふまえ、大和と呼ばれる日本の国が他の国に優っていることを主張した。大和魂ということばはもともと知性に対する知能を重視する考え方にもとづくものだが、宣長は、それをさらに、日本独特の精神のあり方、しかも他国よりも優れたものとしてとらえたのである。

宣長の、死後の弟子となったのが平田篤胤《あつたね》である。篤胤は、『霊《たま》の真柱《みはしら》』という著作のなかで、「古《いにしへまなび》学する徒《とも》は、まづ主《むね》と大倭心《やまと》を堅《かた》むべく、この固《かため》の堅在《かたから》では、真道《まことのみち》の知りがたき由は、吾《あ》が師の翁の、山菅《やますげ》の根の丁寧《ねもころ》に、教悟《おしへさと》しおかれつる」と述べている。「吾が師の翁」が宣長のことをさす。

その上で篤胤は、大倭心を固めるためには、どうすればよいかについて、「斯《か》くてその大倭心を、太く高く固めまく欲《ほり》するには、その霊の行方の安定《しづまり》を、知ることなも先なりける」と述べている。死後の霊魂がどこへ行くのか、それを知ることが大倭心を固める際に、何よりも求められるというのである。『霊の真柱』は、死後の霊魂のゆくえについて考察した書物だった。

宣長は、亡くなる一年前に遺言書をしたためている。倫理学の相良亨《さがらとおる》は、その内容について、「『遺言書』には自分が死んだ時の葬礼の次第、特にこれには寺までの行列の次第まで図示されている。墓を二つもうけること。それぞれにもうける石塔石碑の形、及び、そこに書く戒名及び文面。命日に出す肖像画の掛物及び霊牌の指示、またその行事のあり方」に及んでいるとまとめている（『本居宣長』講談社学術文庫）。宣長は、今日で言う「終活」の先駆者であったことになるが、死後の魂のゆくえについては、前の章でも見たように、ただ、「夜見ノ国に往」くとしているだけだった。宣長には、篤胤のような関心が欠けていたことになる。

篤胤に対する後世の評価は必ずしも芳しいものではない。たとえば、小説家の堀田善衛《よしえ》は、「平田篤胤という国学者の名を見ると、いまでも私はいい気がしない。なにやら気味が悪くなってしまう」（『海鳴りの底から』朝日文芸文庫）と述べ、篤胤に対する嫌悪感を示している。戦時中に書かれた国家主義を主張する脅迫的な論文を思い出すというのが、堀田が篤胤を受け入れられない理由であった。

この堀田の評価は、必ずしも篤胤自身に向けられたものではないが、和辻哲郎になると、篤胤本人の狂信性を次のように指摘している。

篤胤はその狂信的な情熱の力で多くの弟子を獲得し、日本は万国の本である、日本の神話の神が宇宙の主宰神であるというような信仰をひろめて行った。この篤胤の性行にも、思想内容にも、きわめて濃厚に変質者を思わせるものがあるが、変質者であることは狂信を伝播するにはかえって都合がよかったであろう。（『日本倫理思想史 下』岩波書店）

和辻は、篤胤の後世に与えた影響を問題にしているのではなく、篤胤自身に問題があったというとらえ方をしている。今日的な観点からすれば、和辻が篤胤を評する際に使われている表現に問題があるようにも思えるが、この本が刊行されたのは一九五二年であった。現在とは、かなり時代が異なるのである。

この二つより新しいものとしては、歴史学の安丸良夫《やすまるよしお》によるものがある。安丸は、一九七七年に刊行された『日本ナショナリズムの前夜』（朝日選書）で、篤胤の思想について「人間の頭脳が考えうるかぎり身勝手で独りよがりな議論」であると述べている。その評価は、和辻と変わらない。

こうした篤胤評を見ていくと、篤胤は過激で、ひどく恐ろしい思想家であったように思えてくる。たしかに、『霊の真柱』において、篤胤は、「我が皇大御国《すめらおほみくに》は、万の国の、本《もと》つ御柱たる御国にして、万の物万の事の、万の国に卓越《すぐれ》たる元因《もとのいはれ》、また掛けまくも畏《かしこ》き、我が天皇命《すめらみこと》は、万の国の大君《おおきみ》に坐《まし》ます」と述べ、和辻の言うように、「日本は万国の本である、日本の神話の神が宇宙の主宰神である」と主張している。

ただし、これは篤胤独自の思想ではない。というのも、宣長は『玉くしげ』のなかで、「本朝《ほんてう》は、天照大御神の御本国《ごほんごく》、その皇統《くわうとう》のしろしめす御国《みくに》にして、万国の元本大宗《げんほんたいそう》たる御国なれば、万国共《とも》に、この御国を尊《たふと》み戴《いただ》き臣服《しんふく》して、四海の内みな、此まことの道に依《よ》り遵《したが》はではかなはぬことわりなる」と述べているからである。篤胤は、師である宣長の主張をそのままくり返しているだけなのである。

## 学問に対する異様な情熱

二〇一六年に刊行された『平田篤胤　交響する死者・生者・神々』（平凡社新書）において、吉田麻子は、篤胤には「豊かな感性と思想」があり、それは、戦前の国家主義や国粋主義といったことばには到底収まりきれないと主張している。戦後すぐの段階では、戦前の体制を全否定する傾向が強く、堀田や和辻の篤胤評は、そうした時代を反映したものであった。

ただ、篤胤が同時代の人物から問題視されていたことも事実である。その際には、篤胤の極端な国家主義が問われているわけではない。篤胤の学問に対する情熱の異様さが疑問視されている。

水戸藩士、藤田東湖《とうこ》は、同じ水戸藩の儒者、会沢正志斎《せいしさい》宛の天保五（一八三四）年三月二九日付の書翰《しょかん》で、次のように記していた。

> 平田大角《だいかく》（篤胤の号）なる者は奇男子に御座候。野生も近来往来仕《つかまつり》候処《そうろうところ》、其怪《そのかい》妄浮誕《もうふたん》にはこまり申候《もうしそろ》へども気概には感服仕候。……三大考《さんだいこう》を元にいたし附会の説をまじめに弁るはあきれ申候へども、神道を天下に明にせんと欲し、今以日夜力学、著述の稿は千巻《ちまき》に踰《こえ》候《そうろう》気根凡人には御座無く候。去り乍《なが》ら奇僻《きへき》の見は最早固牢として破るべからず候、憾《うら》むべし。（山田孝雄『平田篤胤』宝文館）

この手紙のなかにある「怪妄浮誕」とは、とりとめもないでたらめのことである。東湖は篤胤の唱える説がことごとく怪妄浮誕で、考え方に極端な偏りがあると感じ、戸惑いを隠していない。だが一方で、篤胤の気迫には圧倒され、それが困った方向に向かってしまっていることを惜しんでいる。なお、『三大考』とは、篤胤に大きな影響を与えた服部中《なか》庸《つね》の著作で、それについては後に述べる。

篤胤の気迫のすさまじさは、周囲の人間誰もが認めるところだった。篤胤は、本を読み出したり、著述をはじめたりすると、二〇日も三〇日もぶっ続けで、しかもほとんど寝ずにそれを行い、数日なら飲食をまったくしないでも平気だったと言われる。

とくに篤胤の並外れた集中力が発揮されたのが、文化八（一八一一）年一二月のことだった。その顚末は、篤胤自身が『古史徴開題記《ちようかいだいき》』という書物に記している。それは弟子たちに招かれて駿河（現在の静岡県）を訪れたときのことだった。篤胤は柴崎直古《なおふる》の家に泊まるが、弟子たちに向かって、日頃日本の古代史について感じていた疑問を吐露する。そして、「正しい古史」が書けないものかと考えていたと告白すると、弟子たちはすぐにその作業に取りかかるよう篤胤をうながした。

すると篤胤は、『祝詞式《のりとしき》』『日本書紀神代巻《じんだいのまき》』『古事記』『古語拾遺』『新撰姓氏録《しんせんしようじろく》』『出《いず》雲国風土記《ものくに》』、そして、宣長の『古事記伝』を借り出し、五日から作業をはじめる。いったん作業にかかると、昼夜を分かたず読書と執筆を続け、そのあいだ寝ることもなく、食事もその机でとるというありさまだった。篤胤の健康を心配した弟子たちが寝ることを勧めたところ、一日二夜にわたって眠り、起きるとふたたび机に向かったという。

作業が終わったのは、大晦日にあたる三一日夜の丑刻《うしのこく》だった。篤胤は、二五日間、ほぼぶっ続けで作業を行うことで、『古史成文』や『古史徴《こしちょう》』、そして『霊の真柱』といった彼の主要な著作の草稿をまとめ上げてしまう。このときの篤胤はまだ三〇代半ばで、その点で活力に満ちていて当然だが、彼は常人にはとても不可能なことをやり遂げたと言える。こうした異様な力を発揮することで、篤胤は、彼の説をでたらめと考える人間たちさえ圧倒してしまったのである。

篤胤は、一七七六（安永五）年、出羽国秋田郡久保田（現在の秋田市内）において、出羽久保田（秋田）藩士で藩の大番組頭であった大和田清兵衛祚胤《としたね》の四男として生まれる。四男と言えば、家を継ぐこともできず、家に残れば、部屋住みとして浮かばれない生涯を送るしかなかった。実際篤胤は、父親から下僕《げぼく》のような扱いを受けたという。また、篤胤自身が後に書いたところによれば、父母には育てられず、他人の間でたらい回しされるような生活を送ったという。

それでも、八歳のときから藩の儒学者であった中山菁莪《せいが》から漢学を学び、一一歳からは叔父の柳元《りゅうげん》から医術を学んだ。そして、二〇歳のときに江戸に向けて出羽久保田藩を出奔《しゅっぽん》している。当時の出羽久保田藩は財政的に逼迫《ひっぱく》し、お家騒動なども起こっていた。そうした経済状況のなかでは、篤胤のような境遇にある人間が藩のなかで出世して、しかるべき地位に就くことなど望みようがなかった。

しかし、江戸へ出ても、有力な後ろだてがない篤胤には苦労の連続で、その時期には大八車を引いたり、火消し人足《にんそく》や炊事夫などになって糊口《ここう》をしのいだと言われている。それでも、篤胤は二五歳になった一八〇〇（寛政一二）年、備中（現在の岡山県）松山藩の山鹿流兵学者、平田篤穏《あつやす》の養嗣子《ようしし》となり、平田姓を名乗る。

翌年には、駿河国沼津領主水野出羽守忠友《でわのかみただとも》の藩士、石橋宇右衛門常房《うえもんつねふさ》の娘、織瀬《おりせ》と結婚している。このとき織瀬は二〇歳だった。この結婚は、篤胤の生涯に大きな影響を与えることになる。というのも、篤胤は、織瀬の薦めによって、宣長の『古事記伝』のことを知ったからである。織瀬は教養のある娘だった。篤胤は、こうして学者としての地位を得ることに一応は成功したのである。

## 宣長没後の門人

篤胤の最初の著作となったのは、彼が二八歳のとき、一八〇三（享和三）年に書いた『呵《か》妄書《もうしょ》』である。この書名には、妄説を退けるという意味があり、具体的には太宰春台《だざいしゅんだい》の『弁道書』を批判したものだった。春台は儒学者で、儒教の教えが日本に伝えられるまでは、「道」というものが存在しなかったと主張した。篤胤は、国学の立場から、中国から仏教や儒教が伝えられる以前に、日本には真《まこと》の道が存在したという反論を展開した。

そこには、宣長の影響があった。宣長は、『古事記伝』において、儒教の生まれた中国においては、国の奪い合いが続き、儒教の言う道は、人の国を奪い、また奪った国を守るためのものであったととらえた。古代の日本の場合には、はっきりと道が説かれることはなかったものの、自ずと国は治まっていたというのである。

その後、一八〇五（文化二）年、篤胤は三〇歳のときに『新鬼神論』を著している。これは、儒学者で政治家でもあった新井白石の『鬼神論』を批判したもので、神や鬼神が普遍的に存在することを立証しようとする試みであった。

この『新鬼神論』でも、篤胤は宣長の影響を強く受けていた。ただし、宣長と篤胤との師弟関係は極めて特殊なものだった。篤胤は、宣長の生前にはその存在を知らなかったからである。宣長は一八〇一（享和元）年に亡くなっているが、その時点で、篤胤は宣長という人物が存在することさえ知らなかった。彼がそれを知ったのは、宣長の死の二年後、『呵妄書』を書いた〇三年のことだった。

篤胤が、宣長の長男である本居春庭《はるにわ》のもとに入門したのは『新鬼神論』を書く一八〇五年のことで、彼は宣長の没後の門人ということになる。篤胤が、春庭の門人で出羽国で神職をしていた大友直枝《なおえ》に宛てた書翰では、〇三年に宣長の名前を知り、それで古典を学ぶようになったと記していた。

ただし、篤胤の養子になった平田銕胤《かねたね》（碧川篤真《みどりかわあつまさ》）が記した篤胤の伝記『大《だい》壑君《がくくん》御《ご》一《いち》代略記《だいりやくき》』では、篤胤は一八〇一年の春に宣長の著作を見て、古学を学ぶ志を持ち、七月には入門の手続きを行ったと記されている。ただし、宣長の私塾である鈴屋《すずのや》の名簿にはそのことは記録されていない。

『大壑君御一代略記』に書かれていることは、生前に篤胤が主張していたことにもとづくもので、晩年故郷の出羽久保田藩に出仕した際に提出した書類にも、一八〇一年に、「伊勢へ登り本居門人と成事」と記されていた。

また、篤胤が春庭に出した書翰が残されている。それは、文化二（一八〇五）年三月五日付のものだが、そこには、篤胤が夢のなかで宣長に入門を許されたことが記されている。

篤胤は、一八〇三年ごろに、宣長の著作である『馭戎慨言《ぎょじゅうがいげん》』と『大祓詞後釈《おおはらえことばごしゃく》』を読み、感銘を受けたが、すでにその時点で宣長は亡くなっていて、実際に会うことができなかった。それを悔いていると、夢のなかに宣長があらわれ、直接入門を許された。篤胤はその光景を、やはり国学者の斎藤彦麿《ひこまろ》に描かせ、掛け軸にして毎日祈っていた。そこで、春庭にその掛け軸に画賛をしてほしいというのが、申し出の趣旨だった。

古代や中世においては、夢に見た事柄は真実であると考えられていた。しかし、篤胤が生きたのは江戸時代後期であり、近代の訪れが間近に迫っていた。その時代に、夢のなかで入門を許されたという話が真実と見なされた可能性は薄い。しかし、篤胤の場合には、神や鬼神の実在を信じており、後に述べるように、仙界《せんかい》や冥界《めいかい》の実在も信じていた。つまり、篤胤にとっては、夢は妄想の世界ではなく、あくまで現実とつながるものだったのである。

宣長が生前において篤胤のこうした主張に接していたとしたら、果たして、彼を弟子として受け入れたであろうか。宣長は神の実在を信じていたものの、鬼神や仙界、あるいは冥界の実在を説いてはいなかった。

篤胤は、一八〇四（文化元）年に私塾である真菅乃屋《ますげのや》を開き、弟子たちに講義をするようになる。そして、翌年、つまりは、『新鬼神論』を書いたのと同じ年に『本教外篇』という書物を著している。

『本教外篇』が注目されるのは、そこに天主教書、つまりはキリスト教関係の書物の影響が見られるという指摘が、村岡典嗣《つねつぐ》によって戦前からなされ、戦後も海老沢有道《えびさわありみち》によってその点についての考証が行われているからである。

とくにキリスト教の影響が考えられるのが、天地創造についての部分である。古事記においては、「天地《あめつち》の初発《はじめ》の時、高天原《たかまのはら》に成りませる神の名は、天之御中主神《あめのみなかぬしのかみ》」と記されている。この記述に従うならば、天之御中主神が誕生する以前に、高天原はすでに存在していたことになる。となれば、天之御中主神は最初に出現した神ではあっても、天地の創造神ではない。

これに対して、篤胤は、一八一三（文化一〇）年の『霊の真柱』で、「古《いにしえ》天地《あめつち》未《いま》だ生らざりし時、天御虚空《あまみそら》に成りませる神の御名は、天之御中主神」と記している。ここでは、天地創造に先立って、何物も存在しない虚空に天之御中主神があったとされている。これは、天之御中主神が創造神である可能性を示唆している。

篤胤の『本教外篇』では、イエズス会の司祭、マテオ・リッチの『畸人十篇《きじんじっぺん》』など、漢訳されたキリスト教関係の書物が参照されている。篤胤は、そうした書物を読むことで、創造神の観念を学び、そこから日本神話を読み換えたのではないかとも考えられるのである。

ただし、それまでの日本の神道でも、日本書紀において最初に登場する国常立神《くにのとこたちのかみ》を天之御中主神と同一視し、創造神としての天之御中主神＝国常立神を信仰対象とする伝統も存在した。したがって、篤胤の日本神話の解釈が、キリスト教の直接の影響ではなかった可能性も考えられる。

## 死後の魂

篤胤は、一八〇七（文化四）年から〇九年にかけては、家計を支えるために医師を兼ねていた。だが、〇八年には神祇伯白川家《じんぎはくしらかわけ》から神職に対して古学教授を行うよう委嘱される。これによって、医師を兼ねる必要がなくなり、翌年には医師を廃業している。白川家は、吉田家と並ぶ神職の元締めで、皇室の祭祀も司る「伯家神道《はっけしんとう》」の家元であった。

出奔して江戸へ出てきてからの篤胤は、当初は定職に就くことができず、今日で言えば、フリーターの生活に甘んじなければならなかった。けれども、平田家の養嗣子となった二〇代半ばからは学者としての道を歩むことが可能になり、やがては安定した地位を確保していくことになるが、彼にはそれだけの才能が備わっていたと考えるべきであろう。

一八一一（文化八）年には、「大意物《たいいもの》」と呼ばれる著作をまとめあげている。そのなかには、『古道大意』『俗神道大意（巫学談弊《ふがくだんぺい》）』『漢学大意（西籍概論《せいせき》）』『仏道大意（出定笑語《しゅつじょうしょうご》）』『医道大意（志都の岩屋《しづいわや》）』『歌道大意』などが含まれる。

『古道大意』の場合には、その題名の下に「平田篤胤先生講談　門人等筆記」と記され、その本文は、聴衆を前に行った講義の記録という体裁をとっている。ところが、こうした書き方がされているのは、門人を顕彰《けんしょう》するためで、篤胤自身が講義の形式で文章を書いたとも言われている。

『古道大意』は、「今ここに演説いたします所は、古道の大意で」といった形ではじまり、「先以《まづもつ》て世の初め、神々からの言伝へに、此天地《このあめつち》の無きことは、本より申すに及ばず、日月も何もなく、只虚空と云て大空ばかりで有《あつ》たが、其大虚空と云ものは、更に〳〵極《はて》しなく大きいことで、実は口にては、何ともかとも言やうなく、限りないことで、其の限りの無い大虚空《そら》の中に、天之御中主神《あめのみなかぬしのかみ》と申す神おはし坐《ま》し、次に高皇産霊神《たかみむすびのかみ》、また神皇産霊《かむみむすびの》神《かみ》と申上る二柱《ふたはしら》の、いとも〳〵奇《くす》しく尊く妙《たへ》なる神様が在《あ》らせられたでござる」と続いていく。

そこに述べられたことは、『古事記伝』における宣長の読みにしたがったものであるが、篤胤はそれを誰でも理解できる口語体で語っている。この時代に、こうした分かりやすい形で文章をつづる知識人は珍しい。篤胤は、江戸に出てきた当初、歌舞伎の宗家《そうけ》である五代目市川團十郎の一座に入り、役者に読み書きを教えるとともに、浄瑠璃語りを学んだとされるが、そのときの修練がこうした分かりやすい文体に生かされているのだろう。

『仏道大意』は、『出定笑語』とも呼ばれるが、これは、大坂の町人の学者であった富永《とみなが》仲基《なかもと》の『出定後語《しゅつじょうごご》』を踏まえての命名である。篤胤は、大乗仏典が釈迦に由来するものではなく後世の偽作であることを主張した『出定後語』を読んでおり、それが『出定笑語』という題名に結びついた。篤胤は、仲基と同じく大乗非仏説を展開した服部天游《てんゆう》の『赤裸々』も読んでいて、この二書を踏まえつつ、その誤りをも指摘した上で、仏教の「害ヲ論弁イタスガ、今度ノ趣意デム《ござる》」とし、仏教が生まれたインドの風俗などからはじめて、釈迦の伝記、仏教が中国から日本へと伝わった経緯、そして諸宗派の差異などについて論じている。この書物もまた口語体で読みやすいものになっている。

そして、「大意物」が書かれた文化八年の暮れには、すでに述べたように、駿河での不眠不休の思索と著述の日々が訪れる。篤胤はそれを通して、後の『古史成文』『古史徴』、そして『霊の真柱』といった主著の草稿を書き上げ、篤胤の学問の体系化が一挙に進むが、翌年には、妻織瀬を失っている。織瀬は三人の子どもを生んでいたものの、まだ三一歳の若さだった。

篤胤が、「大意物」の文章を、分かりやすい口語体で記したところには、彼の近代性を見ることができるが、亡くなった妻に対する思いを述べたところにも、それが示されている。篤胤は、『霊の真柱』で、自分が死んだ後、その魂は先立った妻とともに宣長のもとに行くと言い、「かくいふをあやしむ人の有るべかむめれど、あはれ此の女よ予が道の学びを助成せる功のこゝろありて、その労より病発りて死ぬれば此の如くは云ふなり」と述べている。ここでは、彼の学問を助けた最愛の妻への深い愛情が吐露されている。

そして、妻織瀬が亡くなった翌年の一八一三（文化一〇）年に、魂のゆくえを問題にした『霊の真柱』が刊行されている。すでにその草稿は二年前に出来上がっていたわけだが、妻の死は、篤胤に死後の魂のゆくえについて、より深く考察する動機を与えることになった。篤胤としては、伊邪那岐命のように、妻を追って黄泉の国にまで行きたかったにちがいない。

妻の死後、篤胤の生活はかなり厳しいものとなる。収入が乏しく、借金を重ねた。年始に出仕したおり、上下《かみしも》の下に着る熨斗目《のしめ》をそのときだけ質から出し、翌日にはまた質に戻さなければならないほどだった。雛祭りにも、子どもに着せる服がなく、外へ出るなと申しつけるしかなかった。そうした生活は、一八一八（文政元）年に再婚するまで続く。新しい妻の実家が経済的な援助をしてくれるようになったことで、篤胤は経済的な安定を手に入れることができたのである。

貧窮状態のなかでも、篤胤は著述活動を続け、神道について独自の思想を確立するために、『霊の真柱』を書き上げていった。

篤胤はそこで、死後の魂のゆくえについての宣長の主張が間違っていると述べている。篤胤は、「師の翁《をぢ》も、ふと誤りてこそ、魂《たま》の往方《ゆくへ》は、彼処《かしこ》（＝黄泉の国）ぞといはれつれど、老翁の御魂《みたま》も、黄泉国《よもつくに》には往坐《いでま》さず」とする。宣長の魂は黄泉の国へ行ってしまったわけではないというのだ。

では、宣長の魂はどこへ行ったのか。篤胤は、「然在《しから》ば、老翁の御魂の坐《おは》する処《ところ》は、何処《いづこ》ぞと云ふに、山室山《やまむろのやま》に鎮坐《しづまりま》すなり」と述べている。そして、篤胤は、宣長が自画像に記した「敷島の大和心を人問はば　朝日に匂ふ山桜花」の歌を引用した上で、「その花なす、御心の翁《おきな》なるを、いかでかも、かの穢《きた》き黄泉国《よみのくに》には往《いで》ますべき」としている。

山室山（現在の松阪市山室町）とは、宣長の墓所のある場所のことである。すでに見たように、篤胤は、自分が死んだら、その魂は、妻の魂とともに山室山へ行くと述べていた。

浄土教信仰では、死者の霊は、成仏を果たすことによって、西方極楽浄土に迎え入れられると説かれていた。これに対して、宣長は、誰もが死後には、穢れた世界ではあるが、黄泉の国へ行くとしていた。篤胤は、仏教の考え方を否定しただけではなく、宣長の考えも誤っているとしたのである。

## 神秘的な世界への興味

こうした篤胤の死生観は、後に日本で民俗学をはじめた柳田國男にも影響を与えるのだが、それについては第八章で述べる。

さらに篤胤は、この世界と地続きにある仙界や冥界について関心を持ち、それが実在することを確かめようとした。

それは、文政三（一八二〇）年一〇月一日の午後四時ごろのことだった。当時、篤胤は湯島天神男坂下に住んでいたが、そのもとを、やはり国学を学んでいた屋代輪池《やしろりんち》（弘賢《ひろかた》）が訪れた。これは、篤胤が四五歳のときのことである。

輪池が語るには、薬商人で、かつては篤胤の門人だった山崎美成《よししげ》（長崎屋新兵衛）のもとに、何年も天狗のもとで暮らした少年が来ていて、その少年が語ることが篤胤が日頃言っていることと合致しているという。

この時代には、少年と同じように、神隠しにあって仙界を訪れた人間たちがいた。けれども、彼らは異界で経験したことを語ることに積極的ではなかった。ところが、その少年は饒舌で、自分が経験したことをなにもかもあけすけに語るというのである。

輪池の話に興味を持った篤胤は、少年に会うために出かけていく。これがきっかけになって、篤胤は少年から天狗の世界で経験したことを聞き出す作業を続けるようになり、足かけ九年にわたって少年の面倒も見ることになる。少年からの聞き書きは、出会ってから二年後、一八二二（文政五）年に『仙境異聞《せんきょういぶん》』という書物にまとめられた。

篤胤が、山崎美成宅で少年にはじめて会ったとき、寅吉と呼ばれる少年は一五歳だったが、篤胤の目には一三歳くらいにしか見えなかった。それでも目つきは鋭かった。

注目されるのは、初対面の篤胤がまず少年の脈をとったことである。脈はかなり弱く、

六、七歳の子どものようだった。ただし、腹をさわってみると、小腹が充実していて、力があった。篤胤が漢方医学の伝統的な診断法である脈診を行ったのは、彼には医学の心得があり、少年に幻覚を見るようなからだの弱さがあるかどうかを確かめようとしたからだった。

篤胤は、仙界など神秘的な世界に興味を持っていたものの、一方で、医学や天文学など科学の方面にも強い関心を持ち、天文学などは西洋のものを学んでいた。寅吉から話を聞く際にも、あたかも人類学者がインフォーマント（情報提供者）から話を聞くときのように、綿密に事実を追っている。そして、寅吉の話にもとづいて絵師に仙界の絵まで描かせている。

そうした絵のなかには、仙界の舞人の姿をとらえたものなどもあった。数多くの舞人が輪になって踊る「七生舞《しちしょうのまい》の図」などは、かなり詳細に描かれ、舞人の配置を細かく記録した図もあわせて作成された。『仙境異聞』はまさに仙界のフィールドワークの記録なのである。

しかも篤胤は、この『仙境異聞』に続いて、『勝五郎再生記聞』という同種の試みを書物にまとめている。勝五郎というのは、武蔵国多摩郡中野村（現在の東京都中野区）の百姓源蔵の次男で、当時九歳であった。勝五郎は同じ郡の程久保村《ほどくぼむら》の百姓で一八一〇（文化七）年に六歳で亡くなった藤蔵《とうぞう》という子どもの生まれ変わりだと称していた。藤蔵は、死後に冥界で産土神《うぶすながみ》である熊野権現《ごんげん》に出会い、それがきっかけで勝五郎として源蔵の家に再生した。篤胤は、勝五郎にも会って話を記録し、それを『仙境異聞』の翌年に刊行している。

篤胤は、勝五郎少年が再生したのは、産土神の計らいによるもので、その背後では、冥界を支配する大国主神《おおくにぬしのかみ》の力が働いていると解釈した。今日的な観点からすれば、寅吉の話も、勝五郎の話も、夢として解釈すべき事柄である。だが、篤胤はそれを事実としてとらえ、自らの仙界や冥界についての理論の正しさを証明する材料として用いたのである。

篤胤は、寅吉の話の裏をとるために、母親のもとに出向き、この少年が幼少のころから予言などの特殊な能力を発揮していたことを確認している。この点でも、篤胤の試みは実証的なものであった。

しかし、こうした本に先立って刊行した『霊の真柱』は、宣長の門人たちにとっては、簡単に受け入れることが難しい論考であった。

篤胤は、『霊の真柱』を書く際に、服部中庸の『三大考』から強い影響を受けていた。中庸は、宣長と同じく松坂の人間であったが、他の門人たちが歌の世界に強い関心を向けたのに対して、もっぱら古道の学を志し、その点で、篤胤と関心を共通にしていた。宣長は、中庸の『三大考』を高く評価した。『三大考』は、宣長の『古事記伝』の付録として刊行されている。だが、『三大考』には、宣長にない記紀神話に対する中庸独自の解釈が示されていた。

篤胤は、こうした中庸の思想をさらに発展させようとしたものと考えられる。実際、篤胤は、『霊の真柱』でたくさんの図を用いているが、それは、『三大考』にあった図をほぼそのまま借用している。

## 多様な人間関係のネットワーク

しかし、中庸の考え方を発展させた篤胤の思想は、宣長の門人たちの間で激しい議論を巻き起こす。鈴屋を継いだ本居大平《おおひら》のもとには、全国の門人から篤胤についての問い合わせが寄せられた。そして、門人と篤胤との間で議論の応酬が行われるようにもなっていく。中庸は、関心が共通している篤胤を高く評価し、宣長の正統的な後継者としてとらえたものの、それは他の門人には受け入れられなかった。

一八二三（文政六）年、篤胤が上京し、その後に鈴屋を訪れるという出来事が起こる。

篤胤は、上京することを念願にしており、その夢をかなえたのだった。

上京の目的は三つあり、著書を御所に献上すること、本居家の宗家を訪れること、そして山室山にある宣長の墓に詣でることであった

篤胤が江戸を立ったのが七月二二日で、八月三日に熱田《あつた》神宮に参拝した後、六日に京都に到着した。その翌日、篤胤は鈴屋の支社である「鐸屋《ぬでのや》」を訪れ、たまたまそこに来ていた中庸とはじめて会っている。中庸は、その直後に大平に宛てた書翰で、篤胤が宣長の門人のなかでもっとも優れているという評価を伝えているが、門人たちの間では、篤胤を受け入れるべきか、排斥すべきかで激しい議論が巻き起こった。

篤胤は、人を介して光格上皇と仁孝天皇に著書を献じることに成功する。その後、大坂を経由して、若山（現在の和歌山市）の大平のもとを訪れるが、その際に、大平から笏《しやく》の形をした宣長の霊牌などを授かっている。この霊牌は三つあって、一つは大平のところに、もう一つは春庭のところにあった。これは宣長が生前に作ったもので、三つ目が用意されていたことについて、篤胤は宣長との間で冥界での契りができていたためと解釈した。

その後、大和（現在の奈良県）を経て伊勢神宮に参拝し、一一月四日には宣長の墓に参拝し、松坂の鈴屋を訪れて春庭にも会っている。篤胤は、自らの魂が死後赴く場所を確かめ

たのである。

そして、一九日には江戸に戻っている。篤胤はこうして長年の念願を果たし、宣長の弟子としての自覚をいっそう強めることになるが、鈴屋の多くの門人たちからは歓迎されなかった。

篤胤が上京したのは四八歳のときだったが、彼の著作にかける意気込みは少しも衰えることはなく、かえってカバーする領域は広がりを見せていった。

上京前の一八二一（文政四）年には、『密法修事部類稿《みっぽうしゅじぶるいこう》』四巻を著している。これは密教の修法についてその方法を記したものであった。篤胤は、先の『仏道大意』（『出定笑語』）で、徹底的に仏教を批判していた。たとえば、大乗仏典のなかで極めて重要な位置を占める法華経について、「みな能書《のうがき》ばかりで、かんじんの丸薬がありやせぬもの」と述べ、その無内容さを批判している。しかし、密教の修法について、あくまで学問的に考察を加えているのだった。

さらに、一八二六（文政九）年の『印度蔵志』一一巻では、仏教の世界観やインドにおける仏教の歴史について論じている。インドの神話は日本の神話がもとになっているという説を展開したところに、篤胤の特徴が示されていた。

ほかにも篤胤は、中国の古典や神話を研究し、易学や暦学、さらには度量衡《どりようこう》の尺度についても研究を進めていった。神道を基盤としつつも、あらゆる領域をカバーしようとする篤胤の関心は、彼が生まれる直前に完成されたフランスの『百科全書』に通じるような知の体系の構築を志向するものであった。篤胤は決して、排外主義の立場はとらなかったのである。

篤胤の関心の幅の広さに対応するように、その周囲には多様な人間関係のネットワークが作られるようになっていく。当時の名だたる国学者だけではなく、蘭学者、暦学の大家、砲術師や篤農家《とくのうか》、探検家、刀剣の鑑定家や狂歌師など、篤胤は交流の輪を広げていった。

また、篤胤のもとに入門する弟子たちも後を絶たず、養子となった銕胤をはじめ、佐藤信淵《のぶひろ》や大国隆正などがその門人に連なっていった。篤胤の私塾である気吹舎《いぶきのや》には、彼の生前五五〇人が入門したが、没後の門人をあわせると、その数は四三九八人に達した。宣長生前の門人が四八八人だから、篤胤はそれをはるかに上回っていた。

また篤胤は、一八二三（文政六）年には、神道の世界において白川家を圧倒する勢いを見せていた吉田家から神職教導を依頼されている。もともと篤胤は、吉田神道に対して批判的だったが、途中から吉田家を擁護する側に回っていた。しかも、篤胤は白川家との関係を継続し、その関係を年を経るにつれてより深いものになっていたので、白川家と吉田家を通しての篤胤の神道界に対する影響力は極めて大きなものになっていた。

さらに、尾張藩や水戸藩とも接触するようになるが、それによってかえって幕府から警戒されるようになっていく。そして、一八四一（天保一二）年には、出羽久保田藩への帰還を命じられ、それ以降著作を発表することを差し止められる。旺盛な著作活動を展開してきた篤胤にしてみれば、それは、自らのエネルギーの発露を抑圧される屈辱的な事態だった。しかも、主著となるべき『古史伝』などは書物としてまだ完成していなかった。篤胤は、故郷へ引き戻されてから二年が経った天保一四（一八四三）年九月一一日、六八歳で亡くなっている。

## 皇国に生まれた誇り

篤胤は、大和魂（大倭心）を堅固なものとするためには、死後の霊魂のゆくえを知ることが不可欠であるとし、その考察を進めていった。篤胤は、師の宣長とは異なり、死後の霊魂は黄泉の国に赴くとはとらえず、山室山のような墓所にとどまるとした。宣長も、黄泉の国を好ましい場所と考えたわけではないが、篤胤は、黄泉の国を穢れた場所として強く嫌ったのである。

では、大和魂自体について、篤胤はどういった考えを持っていたのだろうか。

一八一一（文化八）年に完成し、二四（文政七）年に刊行された『古道大意』の冒頭において、日本がその開闢《かいびやく》以来、皇統が連綿と受け継がれてきたことで、他国よりはるかに優れていると述べた上で、「御国の人は、その神国なるを以ての故に、自然《おのづから》にして、正しき真《まこと》の心を具へて居る。其を古へより大和心とも、大和魂とも申してある」としている。神国に生まれた日本人には自ずから正しい真のこころ、つまりは大和魂が備わっているというのである。

篤胤が、一八一三（文化一〇）年ごろに行った講説を弟子たちが記したものに、『伊吹於《いぶきお》呂志《ろし》』があるが、そこでは、「どうしても速くその極楽へ行《いき》たがる人の気が知れぬ。極楽より此の世が楽しみだ」とされ、「（暮らし向きのいい人は）美濃米を飯にたいて、鱣《うなぎ》茶漬、初堅魚《はつがつお》に、剣菱《けんびし》の酒を呑み、煉羊羹《ねりようかん》でも給《たべ》ながら、山吹の茶を呑んで、国分《こくぶ》の煙草をくゆらして居らるゝ」と述べられている。篤胤は、これに続けて、それだけの暮らしができない貧しい人間でも、「相応の楽みが」あるとし、現世での暮らしを高く評価している。

そして、そうした暮らしが実現されるのは、「万国の御大君」である「天皇様」から

「万国のおきて、御取締を御命じあそばして、御大政を御任されなされて指置《さしお》る丶、征夷大将軍の御膝下」にあるからだとし、幕府の体制を肯定的にとらえている。

その上で篤胤は、「とかく人は、心をしつかりと落著《おちつい》て強く持ち、大日本魂、御国気性を固め、この御国を訕《そし》り、この御国の御道を、悪く云ふ者が有ならば、厳しく取締てやるが宜いで御座る」と説いている。ここでの大日本魂、大和魂は、皇国としての日本に生まれたことの自覚としてとらえられている。

さらに篤胤は、『伊吹於呂志』と同じく一八一三年ごろに草稿が作られたと考えられる『玉たすき』においては、「かくいふ我らも、皆神の末裔なる故に、我が国を神の御国と云由を、懇に誨《おし》え聞せ」と述べている。篤胤は、彼の周囲に集まってきた江戸の庶民に対して、皇国に生まれたことに誇りを持ち、その上で、他国に優れた大和魂を固めるよう説いたのである（前田勉「平田篤胤の講説―『伊吹於呂志』を中心に」『日本文化論叢22』愛知教育大学日本文化研究室、二〇一四年）。

前田によると、『伊吹於呂志』の講説は、『古道大意』などの講説を聞いて、篤胤に名簿を出し、その門人になった者に対して行われたとしている。その点では、江戸庶民のなかでも意識の高い人間が対象になっていたものと考えられる。

庶民は、それぞれが生業を持ちながら、江戸に暮らしていた。彼らは町民であり、武士とは身分が異なった。何かを学ぶにしても、藩が開いた藩校などで学んだわけではない。その点で、彼らの立場は反知性主義ということになる。宣長から篤胤へと受け継がれた国学は反知性主義の傾向を持ち、神国や皇国の自覚を呼び覚ますことで、庶民に自信を与えていった。その際に、大和魂ということばは、強力な武器となったのである。

宣長や篤胤は学問の人間であり、決して政治運動家ではなかった。また、社会を変革する志を持っていたわけではなかった。

しかし、篤胤が亡くなった一八四三年は、政治的な動乱を生む幕末が近づいていた。幕末という時代は、五三（嘉永六）年の「黒船来航」からはじまるが、それまでには篤胤の死から一〇年しか経っていなかった。宣長や篤胤は、その動乱のなかに身を投じたわけではないが、二人の思想に影響を受けた人間たちは、大和魂というスローガンを掲げて、日本の社会を変える行動に出ていったのである。

# 第五章　国体、吉田松陰を軸として

## 大和魂の男子

大和魂を含んだ歌としてもっとも名高いものの一つは、吉田松陰による、「かくすればかくなるものと知りながら　やむにやまれぬ大和魂」であろう。

これは一八五四（嘉永七）年に詠まれた歌である。ペリーによる黒船来航は、その前の年で、そこから時代は幕末へと移っていくことになるが、ペリーは、日米和親条約を結ぶために翌年も日本までやって来た。松陰は、金子重之輔《かねこしげのすけ》とともに小舟を盗み、下田沖に碇《いかり》を下ろしていた旗艦《きかん》ポーハタン号に向かった。小舟はなんとかポーハタン号に到達する。

そのときのことについて、松陰の伝記を書いている徳富蘇峰《とくとみそほう》は、次のように描いている。

> 小舟船梯《せんてい》の底に入り、浪と共に上下し、激して声を成す、船員驚き怒り、棍《こん》を携《たずさ》え、梯子に立ち、二人の船を衝き却《しりぞ》けんとす。松陰梯《はしご》に躍《おど》ってその梯に在り、金子を顧みて纜《ともづな》を攬《と》らしむ。（『吉田松陰』岩波文庫）

船員との攻防はなおも続き、彼らが乗ってきた小舟は流され、そこに置いてあった腰刀や行李《こうり》はどこかへ行ってしまった。それでも乗船にだけは成功する。

彼らは懇請《こんせい》せり、哀愬《あいそ》せり、その有る限りの力を竭《つく》して相談せり、然《しか》れども頑とし
て動かざるなり。船員曰く、君らの志は善し、然れども二国交親せんと欲するの今日
において、私《ひそか》に君らを載せ去る、二国の国交を如何せんと。万里鵬挙《ほうきょ》の志またここに
おいて蹉跎《さた》たり。

渡航に失敗した松陰と重之輔は、下田奉行所に自首する。彼らは密航を企てた罪で江戸から故郷の萩へと送られ、野山獄《のやまごく》に一四カ月の間繋がれた。冒頭の歌は、そのときに詠まれたものである。これは、松陰がその兄である杉梅太郎（民治《みんじ》）に、安政元（一八五五）年一二月八日に送った手紙の裏に記されていた（山口県教育会編『吉田松陰全集』第五巻）。このとき松陰はまだ二四歳だった。その若さだからこそ、無謀にも密航を企てたのだろう。歌には、若者ならではの切迫感が表現されている。

蘇峰は、『吉田松陰』の第一章「誰《た》ぞ　吉田松陰とは」を、次のようにはじめている。

玉川に遊ぶ者は、路《みち》世田が谷村を経《へ》ん。東京城の西、青山街道を行く里余《りよ》、平岡逶《い》

迤《い》として起伏し、碧蕪疎林《へきぶそりん》その間を点綴《てんてい》し、鶏犬の声相聞う。街道より迂折《うせつ》する数百歩、忽《たちま》ち茅葺《かやぶき》の小祠堂《しようしどう》あり、ああこれ吉田松陰の幽魂を祭る処。

蘇峰の『吉田松陰』が刊行されたのは一八九三（明治二六）年のことである。青山街道は大山道《おおやまみち》とも呼ばれ、赤坂から青山や渋谷を通って、厚木、さらには大山阿夫利神社（神奈川県伊勢崎市）へと向かう道のことである。ここには、今日とは相当に異なる世田谷の景色が描かれているが、小祠堂とは、松陰神社にあった前の社殿のことである。松陰神社は萩にもあるが、創建は世田谷の方が早く、八二年のことである。萩の松陰神社は一九〇七（明治四〇）年に創建される。蘇峰が『吉田松陰』を執筆したときには、松陰神社は世田谷にしかなかった。

蘇峰は、続けて、次のように書いている。

祠後《しご》の小杉槍尖《しようさんそうせん》の如く、森然《しんぜん》として天を刺す。これを径《けい》すれば、幾多の小碑《こおんな》、行儀《ぎよ》能《ぎよう》く屏列《へいれつ》するを見る。その左右に在《あ》るは、同志、同難諸人の墳墓《ふんぼ》にして、彼はあたかも幽界の大統領たるかの如く、その中央に安眠す。数株の蒼松《そうしよう》は、桜樹に接して、

その墓門を護し、一個の花崗石《かこうせき》の鳥居は、『王政一新之歳、大江孝允《おおえたかよし》』の字を刻して、
長《とこし》えに無韻《むいん》の悼歌《とうか》を伝う。

現在の松陰神社を訪れてみれば、ここに描かれた光景にそのまま接することができる。松陰の墓を中心に、頼三樹三郎《らいみきさぶろう》、小林民部《みんぶ》、来原良蔵《くるはらりょうぞう》、福原乙之進《おとのしん》、綿貫治良助《わたぬきじろすけ》、中谷正亮《しょうすけ》といった人物の墓が建ち並んでいる。彼らは、幕末の動乱のなかで命を落とした長州藩士である。

松陰の遺体は最初、千住小塚原回向院《えこういん》に葬られた。だが、文久三（一八六三）年正月に、高杉晋作、伊藤博文、山尾庸三《ようぞう》、白井小助、赤根武人《あかねたけと》などの手によって、世田谷若林大夫《だいぶ》山《やま》の楓《かえで》の木の下に改葬された。それが松陰神社へと発展するわけだが、高杉以下は、松陰が開いた松下村塾《しょうかそんじゆく》の塾生や、生前の松陰とかかわりのあった者たちだった。松下村塾で学んだ者としては他に、山縣有朋《やまがたありとも》、吉田稔麿《としまろ》、入江九一《くいち》、前原一誠《いっせい》、品川弥二郎《やじろう》、山田顕《あき》義《よし》、野村靖《やすし》、渡辺蒿蔵《こうぞう》、河北義次郎などがいた。いずれも明治新政府において重要な役割を果たす人物たちである。こうした歴史上著名な人物が教えを受けたということで、松陰はかなりの年配者だったようにも思えるが、安政六（一八五九）年一〇月二七日に亡くな

ったときは、二九歳に過ぎなかった。

松陰は、亡くなる前の年、幕府が朝廷の許可を得ないまま日米修好通商条約を結んだことに激怒し、老中《ろうじゅう》の首座《しゅざ》であった間部詮勝《まなべあきかつ》が、孝明天皇に会うために上京するのを襲撃することを計画する。しかし、松陰が計画に誘った者たちは、それに反対し、実行はかなわなかった。松陰は、自分の計画に賛同しなかった長州藩に不信感を持つ。さらには倒幕を唱えたため、藩に危険視され、ふたたび野山獄に投じられた。その後江戸に送られ、伝馬《てんま》町《ちょう》牢屋敷に投獄される。その際に、自ら間部詮勝を暗殺する計画を持っていたことを自白したため、死刑に処せられたのである。

松陰は遺書として『留魂録《りゅうこんろく》』を残しているが、その冒頭に辞世の句として、「身はたとひ武蔵の野辺に朽ぬとも　留置まし大和魂」と書き記している。自分の身は武蔵の国に朽ちてしまおうとも、大和魂だけはこの世に残しておきたいというのである。

ここで言われる大和魂は、倒幕という志を抱いた松陰自身をさしている。「かくすればかくなるものと知りながら　やむにやまれぬ大和魂」の歌の大和魂は、松陰の内面にあるもの、そのこころを意味しており、その点では、大和魂よりも大和心と表現した方が分かりやすい。だが、辞世の句の大和魂は、松陰が亡くなった後も、その肉体を離れて存在し続けるものである。

松陰は、大和魂が自らの内面に宿るだけではなく、他者の内面にもあるものとしてとらえていた。松陰は、小倉藩の重役で、国学者でもあった西田直養《なおかい》のもとに門人の松浦松洞《しょうどう》を送り込もうとして、下関の本陣の主人であった伊藤静斎に、直養宛の紹介状を書いてくれるよう要請した。その手紙のなかで、直養のことを、「大和魂の男子と察せられ候」と評している。

松陰が大和魂を歌ったとき、そこには、アメリカという異国の存在がかかわっていた。異国の船で密航を企てたときには、それを自己の内面にある大和魂、つまりは日本人としての精神の表れとして強調した。

辞世の句の場合にも、幕府がアメリカとの日米修好通商条約を朝廷の許可を得ないまま結んでしまったということが背景にあった。松陰と一体化した大和魂が死後も残り続けるという意志が示されたのは、異国によって日本が侵されようとするのをなんとか防ごうとしてのことである。第一章でも述べたように、大和魂は、外国と対峙したときに発動するものなのである。

## お岩と赤穂浪士

辞世の句にある大和魂から連想されるのが、「魂魄《こんぱく》この世にとどまりて、怨み晴らさでおくべきか」ということばである。これは、鶴屋南北の歌舞伎『東海道四谷怪談』に登場するお岩の台詞《せりふ》である。お岩の夫民谷伊右衛門《たみやいえもん》は塩冶《えんや》の元藩士という設定になっている。歌舞伎に登場する塩冶とは赤穂のことで、伊右衛門は赤穂浪士の一人なのである。

ところが、お岩は産後の肥立ちが悪く、病がちになり、それで伊右衛門に嫌われるようになる。伊右衛門は、彼に恋をしたお梅と結婚しようとして、お岩に毒を盛る。お岩の容貌は醜く変わり、最後は刀が刺さって死ぬ。苦しむお岩が放った台詞が、この「魂魄この世にとどまりて」なのである。

魂魄は、中国の道教に由来する考え方で、魂が精神を支える気のことをさし、魄は肉体を支える気をさす。その点で両者は性格を異にするが、魂魄ということでは、精霊や霊魂を意味する。お岩は、たとえ自らの肉体は滅びても、自らの霊魂は肉体を離れ、伊右衛門をいつまでも恨み続けるというのだ。実際、伊右衛門はお岩の幽霊を見て錯乱し、最後はお岩の妹であるお袖の夫、佐藤与茂七《よもしち》によって殺される。

第二章で見たように、日本社会においては伝統的に、霊や魂という存在は祟りをもたらす怨霊や精霊としてとらえられ、恐ろしいものと見なされてきた。したがって、霊魂を供養することで、恨みを浄化していく必要があるとされた。お岩の言う魂魄は、そうした性格を持つが、重要なのは、魂魄はそれを宿している人間の意志の力によって、死後もこの世にとどまり、恨みを晴らすための行動に出ることができるとされている点である。

それまでの時代の怨霊や精霊は、それを宿していた人間の意志の力によってこの世に残り、祟ったものではない。もっとも強力な怨霊とされた菅原道真の場合にも、右大臣となり絶頂を極めた段階で太宰府に流され、そこで亡くなることになるが、死後に怨霊となると予言していたわけではない。また、自らの境遇について激しい怒りをぶつけていたわけではない。死後に、道真の左遷にかかわった人間たちが、次々と亡くなったことで、その怨霊の祟りということが人々の間で言われるようになったのである。

南北の『東海道四谷怪談』が江戸の中村座で初演されたのは一八二五（文政八）年のことだった。松陰が生まれたのは、その五年後の三〇（文政一三）年のことである。松陰は、五一（嘉永四）年には江戸に出てきていたので、あるいは『東海道四谷怪談』を見る機会もあったかもしれない。

その可能性を考えてみたくなるのは、松陰と『東海道四谷怪談』との間にはかすかなつながりがあるからである。

松陰は江戸に出た翌年、兵学者の山鹿素水《やまがそすい》のもとに入門している。山鹿流の兵法を学ぶためである。松陰の吉田家は、代々山鹿流を家学としていた。また松陰は、その前年、西への旅で平戸に行き着き、平戸藩の重臣葉山佐内や山鹿流兵法の後継者である山鹿万助から指導を受けている。

山鹿流の祖は一七世紀の山鹿素行《そこう》である。素行は、林羅山《はやしらざん》のもとで朱子学を学び、甲州流の軍学を学ぶことで山鹿流を確立する。ところが、一六六五（寛文五）年に著作のなかで、幕府の官学である朱子学を批判したことで、その五年前まで勤めていた赤穂藩に流罪となる。そのとき、素行は藩士の教育にあたり、そのなかには大石内蔵助《くらのすけ》も含まれていた。

赤穂浪士の討ち入りを題材とした浄瑠璃、歌舞伎の『仮名手本忠臣蔵《かなでほんちゅうしんぐら》』では、内蔵助は大星由良助《ゆらのすけ》として登場するが、討ち入りの際には、合図に山鹿流陣太鼓を叩く。ただし、この太鼓は、『仮名手本忠臣蔵』において創作されたものだった。

『東海道四谷怪談』の伊右衛門は、塩冶の元家臣、つまりは赤穂浪士に設定されていた。『東海道四谷怪談』自体が『仮名手本忠臣蔵』の外伝という形をとっており、初演されたときには、『仮名手本忠臣蔵』と一緒に二日間にわたって上演された。一日目に、『仮名手本忠臣蔵』の六段目までをやり、続いて『東海道四谷怪談』の三段目まで上演した。二日目は、『仮名手本忠臣蔵』の七段目から演じ、『東海道四谷怪談』の残りを上演し、最後は討ち入りの場となった。

これは、初演だけのことで、再演以降は『東海道四谷怪談』が単独で上演されることになるが、そこでくり広げられる悲劇が、忠臣蔵の世界を背景にしていることは変わらない。塩冶の浪人こと赤穂浪士たちは、主君に忠を尽くすことで、自分自身やその家族を犠牲にしていく。二つの作品がない交ぜの形で上演されることで、その点が浮彫になっていく。「魂魄この世にとどまりて」の台詞が生きてくるのも、そのためである。

松陰は、再び野山獄に投じられる前、友人の北山安世《やすよ》に宛てた安政六（一八五九）年四月七日付の書状のなかで、「今の幕府も諸侯も最早酔人なれば扶持《ふち》の術なし。草莽崛起《そうもうくっき》の人を望む外頼みなし。されど本藩の恩と天朝の徳とは如何にして忘るゝに方なし。草莽崛起の力を以て、近くは本藩を維持し、遠くは天朝の中興を補佐し奉《たてまつ》れば、匹夫《ひっぷ》の諒《まこと》に負《そむ》くが如くなれど、神州の大功《たいこう》ある人と云ふべし」と述べていた。

「草莽崛起」は、松陰のことばとして名高いものの一つだが、志のある在野の人間が一斉に立ち上がり、体制の変革を成し遂げることを意味する。幕府や藩主はもう役に立たないのだから、打ち倒すしかないというのだ。ただ、松陰は、藩から受けた恩恵と朝廷の徳とは忘れることができないので、藩を支えつつ、朝廷の復興を図るべきだとしている。これは、幕末に湧き上がった「尊皇攘夷《そんのうじょうい》」の考え方に通じている。

## 支配者の系譜

尊皇攘夷ということばは、水戸藩の藩主である徳川斉昭《なりあき》が開いた藩校、弘道館建学の趣旨を記した『弘道館記』にあるもので、その草稿を記したのは藤田東湖であったとされる。東湖については、すでに第四章でふれた。平田篤胤の言動を「怪妄浮誕《かいもうふたん》」と評したのが東湖である。

水戸藩は、水戸徳川家の徳川光圀《みつくに》が初代の藩主となる。光圀は、水戸黄門のモデルでもあるが、『大日本史』の編纂をはじめる。これは、神武天皇から第一〇〇代の後小松《ごこまつ》天皇までの歴史を漢文の紀伝体でつづったものである。紀伝体は、司馬遷《しばせん》が『史記』においてとった歴史の記述スタイルで、帝王の事績である本紀と主要人物の伝記である列伝などからなっている。

こうした叙述の方法をとるならば、誰を、日本における帝王である正統な天皇とするかが問題になってくる。南北朝時代には、両統迭立《りょうとうてつりつ》という事態が起こった。『大日本史』では、南朝が正統とされた。そのときの、そして現在の皇統が北朝であるにもかかわらずである。それは、徳川家の祖とされる新田氏が、南朝の家臣だったからである。この『大日本史』の編纂作業をもとにしているのが水戸学で、そこから生み出された尊皇攘夷の考え方が、歴史を動かしていくのである。

東湖が、篤胤を評した手紙の宛先は会沢正志斎であったわけだが、正志斎が一八二五（文政八）年に書いた『新論』という書物において、日本は「神州」と呼ばれ、あわせて「国体」の観念が打ち出された。国体とは、天皇を中心とする政治・社会体制を意味し、神聖視された。

古代においては、天皇を中心とした中央集権制が確立され、天皇は支配者であった。天皇は、他の国における王にあたるが、中国に皇帝が存在することから、それに対抗する意味で、亡くなってからの諡号《しごう》として天皇が用いられるようになる。

しかし、平安時代に入ると、最有力の貴族となった藤原氏が摂政、関白を独占するようになる。藤原氏は、天皇家と姻戚《いんせき》関係を持ち、外戚として力を揮《ふる》うようになっていく。天皇は存在するものの、政治の実質は藤原氏などの貴族が担う「摂関政治」が確立された。

その後、鎌倉時代になると、武家政権が誕生し、朝廷や貴族と権力を二分するようになる。天皇が直接に政治に携わることは「天皇親政」と呼ばれるが、この天皇親政が復活することもあった。それが、鎌倉幕府滅亡後に生まれた後醍醐天皇による建武《けんむ》の新政である。ただし、室町時代になると、三代将軍の足利義満が「日本国王」を名乗ったところに示されるように、天皇家は政治的な力を完全に失っていく。一四六七（応仁元）年に応仁の乱が起こり、戦国時代に突入していくと、京都が戦乱によって甚大な被害を被ったこともあり、朝廷や貴族の力は大きく損なわれていく。

それでも、権力の座についた貴族や武家は、その正統性を確保するために天皇の権威を必要とした。藤原氏は摂政、関白、さらには太政大臣《だいじょう》を独占したわけだが、任命したのは天皇であった。武家の場合には、天皇から征夷大将軍に任命されることで、権力を揮うことができた。

ヨーロッパでは、古代や中世の王たちは、神の代理人であるローマ教皇によって、その地位を保障された。その背景には、ローマ教会が主張した「王権神授説」があった。日本では、天皇は神の系譜に連なるとされ、神とローマ教皇の役割をともに果たすことになった。政治的な権力はどこでも、神による正統化を必要とするのである。

さらに、天皇家に生まれた親王のうち、皇位継承の可能性がない場合には、出家し、法親王となって、皇室ゆかりの門跡寺院に入った。門跡寺院は、寺院のなかでも格式が高く、仏教界に君臨した。これによって、天皇の権威は仏教界にも及ぶこととなった。

江戸時代に入ると、徳川家の代々の将軍は、依然として天皇によって征夷大将軍に任命されたものの、幕府は禁中並公家諸法度《きんちゅうならびにくげしょはっと》を発布した。それは、「天子諸芸能ノ事、第一御学問也」ではじまるもので、天皇や朝廷の活動を大きく制限するものであった。江戸時代の天皇は、京都御所に住んではいたものの、幕府は天皇が一般の庶民と交わることを嫌い、その外に出ることができず、事実上幽閉されたような状態にあった。

したがって、江戸時代の庶民は、たとえ京都に住んでいても、天皇の姿を見る機会はほとんどなかった。森田登代子『遊楽としての近世天皇即位式』（ミネルヴァ書房）によれば、天皇の即位式（即位礼）が行われる際には、一般庶民がそれを見学できたが、高御座《たかみくら》の置かれた紫宸殿《ししんでん》からは離れていなければならなかったため、天皇の姿を目でとらえることは難しかった。

これは、京都の庶民には可能なことでも、それ以外の地域に住んでいれば、即位式を見物することもできなかった。庶民は、「天子様《てんしさま》」が京都にいることは知っていても、身近な存在としてとらえていたわけではなかった。

そういった状況のなかで、第三章で見たように、本居宣長は日本の優位性を王朝の交替がなかったことに求める議論を展開した。そこには宣長が、皇祖神である天照大神が祀られる伊勢神宮に近い松坂に生を受けたことも影響していたことだろう。宣長は、その著書『玉勝間』のなかで、一七〇五（宝永二）年に起きた伊勢神宮に集団参拝する「おかげまいり」において、四月上旬までは一日に二〇〇〇〜三〇〇〇人が松坂を通ったが、徐々に増えて五月二六日には一日で二三万人に達したと記録している。

## 国学と水戸学

宣長は、古事記という古典を読み進めていくことによって、天皇という存在の重要性に気づいていった。古事記には、日本がどのようにして生まれたかが記され、そこには多くの神々が登場する。そうした神々のなかで中心的な存在である天照大神の子孫が神武天皇であり、そこから皇位が継承されていった。

宣長の国学は、詳細な文献批評を含むところで、近代の国文学の前身となるものではあったが、同時に、天皇を神聖な存在としてとらえ、そこに他国に対する優位性を求める点で、イデオロギー的なものであった。平田篤胤は、そうした宣長のイデオロギーを受け継ぎ、さらにそれは篤胤の門人にも影響していく。

篤胤の門人の代表が大国隆正《おおくにたかまさ》であった。明治維新によって新たに誕生した明治の新政府を祭政一致の体制に持っていく上で、隆正がもっとも強い影響力を発揮する。隆正は津和野藩の藩士であったが、この藩では国学が盛んで、藩校には隆正のような国学者を数多く登用した。

水戸藩における水戸学は、日本の歴史をつづる試みではあるものの、冒頭では神武天皇の事績が語られ、それ以降、代々の天皇の事績へと移っていく。古事記や日本書紀とは異なり、神話は語られていないものの、旧石器時代からはじまる今日の日本史とは大きく異なる。もちろん、江戸時代においては、考古学は発達しておらず、遺跡の発掘にもとづいて歴史を解明するような試みは行われていなかった。

神武天皇が実在した証拠があるわけではなく、それは初期の天皇についても共通して言える。第二一代の雄略《ゆうりゃく》天皇については、埼玉県行田《ぎょうだ》市の稲荷山古墳副室から出土した「金錯銘鉄剣《きんさくめいてっけん》」と呼ばれる鉄剣に、「獲加多支鹵大王《わかたけるだいおう》」と刻まれており、これが雄略天皇の名である「大泊瀬幼武《おおはつせわかたける》」ととらえる解釈がある。この説は有力視されており、そうなると雄略天皇は実在が実証される最古の天皇ということになる。

中国南朝の宋の時代の歴史書に『宋書』があり、そこには、讃・珍・済・興・武という倭の王が、宋に対して朝貢《ちょうこう》をしたことが記されている。これは、「倭の五王」と呼ばれるが、それぞれをどの天皇に割り当てるかで議論がある。最後の武が雄略天皇のことをさすという説もある。

このように、神武天皇をはじめとする初期の天皇については、その実在さえ怪しい。しかし、古事記や日本書紀をもとにするならば、そうした天皇たちも実際に存在したことになる。宣長や篤胤もそうだが、水戸学でもそのように考えられていた。

水戸藩の藤田東湖は、藩校である弘道館の建学の精神を記した『弘道館記』の解説である『弘道館記述義』を一八四七（弘化四）年に著している。そのなかで東湖は、藩校で教えられる道というものが、「その実はすなわち天神に原《もと》づく」と述べていた。水戸学を研究する吉田俊純《としずみ》は、『水戸学と明治維新』（吉川弘文館）のなかで、道を天神の創造としてとらえるのは、宣長の『古事記伝』の所説に従ったものであると指摘している。

ただし東湖は、宣長が批判し、否定した儒教の考え方にもとづいて議論を展開していた。そのため、宣長の主張を取り入れたことに対して、他の儒者からは厳しく批判された。

もっとも東湖自身、宣長の国学を全面的に取り入れたわけではなかった。国学に対する批判は、前の章で見た篤胤を評することばにも示されているが、宣長が、この世の善悪は善神と悪神が司るものであるとしたことにも東湖は批判的で、その点では、善悪を人の徳に求める儒学の考え方に従っていた。

しかし、安政時代になると、弘道館の教育には、宣長の説を取り入れた『弘道館記述義』の考え方が採用され、学則の第三条では、「古に六国史の撰あり、しかして古事記を最も旧しとなす。書紀等はこれに次ぐ」とされていた。吉田は、「安政期の水戸学は表面、神儒一致の方針を標榜しながら、天保期以上に本居学に傾斜している」ことを指摘している。

こうした傾向に対して、国体ということばを生んだ正志斎は、一八五八（安政五）年に宣長の『直毘霊《なおびのみたま》』を批判した『読直毘霊《とくなおびのみたま》』を著し、宣長の説には過激で間違った部分があるとして、『直毘霊』を読むことには注意が必要だとした。

松陰は、はじめて野山獄に投じられたときからその後に幽囚された杉家旧宅の三畳半の部屋を出るまでの約三年の間に一四六〇冊の本を読んでいる。そのことは、松陰が書いた『野山獄読書記』に記録されている。

松陰は、最初の時期は、水戸学関係の本を集中して読んでいた。松陰の獄中読書記を研究した桐原健真《けんしん》は、『松陰の本棚　幕末志士たちの読書ネットワーク』（吉川弘文館）において、松陰が尊皇攘夷を唱えるにあたっては、正志斎の『新論』の影響が大きく、水戸学を通して、日本という国家の存在を強く意識するようになったとしている。松陰は、東北を遊歴した際に、水戸にも立ち寄り、正志斎とも交流している。

ただ、野山獄にいた後半の時代に、松陰の読書傾向は変わる。水戸学ではなく、宣長や篤胤の国学関係の本を読むようになっていく。それによって、日本人としての自覚の背景として、宣長が主張した日本の固有性、つまりは皇統が連綿として受け継がれ、王朝の交代がなかったことが重視されるようになっていくのである。

## 幕府から政府へ

水戸学は、幕府の公式的な学問である儒学の立場から日本の歴史をつづり、それは『大日本史』にまとめられていく。その作業のなかから日本固有の歴史を明らかにしていくことが水戸学の目的であった。

しかし、儒学は中国で生まれた学問である。宣長など、国学の立場では、日本の古代の精神性を明らかにするためには、儒学にもとづくものの見方を捨てる必要性が強く説かれた。そうなると、『大日本史』編纂の作業にかかわった儒学者は、宣長などの主張にどのように対応するかを迫られることになる。東湖は、儒学を否定しないまま、国学の主張を取り入れた。

国体を唱えるようになる正史斎の場合には、あくまで儒学の立場にたち、宣長を否定し、東湖をも批判した。国体という用語も、これは漢語である。もし、宣長がそのときも生きていて、国体ということばを知ったならば、そこに漢意《からごころ》や儒意《じゆごころ》を感じとり、強く反発したであろう。

だが、天皇の存在を絶対と考え、その天皇が治めるべき日本を脅かすアメリカをはじめとする海外の勢力を排斥すべきだとする尊皇攘夷の考え方からすれば、国学と水戸学との間に違いはない。それを指摘したのが松陰であった。松陰は、処刑される一週間前に書いた書簡のなかで、「本居学と水戸学とは頗る不同あれども、尊攘の二字はいづれも同じ」(『吉田松陰全集』第九巻所収の「入江杉蔵あて書簡」)と述べていた。尊皇攘夷という考え方は、国学と水戸学との間にある矛盾を止揚するものとなったのである。

国学の場合、宣長も篤胤も、一九世紀の前半に亡くなっており、黒船来航を知ることはなく、したがって攘夷という考え方を持つには至らなかった。両者とも、王朝が交代しなかったことに日本の他国に対する優位性を見出していたものの、朝廷の権威によって支えられた徳川幕府の体制を受け入れており、尊皇をめざして幕府を打倒しようなどという考えはまったく持っていなかった。宣長や篤胤の時代に、そうした主張を展開すれば、間違いなく危険視されたであろう。

水戸学の場合も、それが生まれた水戸藩は、徳川御三家の一角をなし、最後の将軍慶喜《よしのぶ》は、水戸藩から出ている。水戸学は、徳川幕府の体制を維持することを前提としており、尊皇をめざして幕府を打倒しようという考え方は生まれようがなかった。

しかし、黒船来航は、日本の社会を大きく変えることにつながっていく。それまでの日本は、限定された形ではあるもののオランダとも通商を行っており、世界についての知識も得ていた。アメリカの存在も認識していた。

ただ、黒船に乗ってやってきたペリーは、強硬に開港や通商の実現を迫ってきた。黒船は大砲を搭載しており、自分たちの申し出がかなえられなければ、武力行使も辞さない構えを示した。これによって、幕府は混乱状態となり、政治権力としての脆弱性を露呈してしまう。

そこから尊皇攘夷の思想は倒幕論へと発展し、明治維新が実現され、幕府に代わって、明治新政府が誕生することになる。

それ以降、明治新政府は、欧米に対抗できる日本社会の近代化をめざすが、政府のなかには当初、国学者や、国学に多大な影響を受けた復古神道を信奉する神道家が含まれており、古代にならって天皇親政を実現することがめざされた。京都御所になかば幽閉されていた天皇は、江戸城を前身とする皇居に移る。その際に、古代の律令制度の復活がめざされ、祭祀を司る役所である神祇官《じんぎかん》を官僚機構の頂点に位置づける体制が作られる。まさに復古である。

復古ということで、明治新政府が行ったことのなかで宗教界にもっとも大きな影響を与えたのは神仏判然令の布告である。これによって、神道と仏教、神社と寺院を分離する「神仏分離」という事態が生まれる。中世から近世の時代にかけては、神道と仏教が融合した神仏習合の時代が続いた。神社には、神宮寺が建てられ、その寺の僧侶が神社の管理にもあたった。一方、神道の神々は仏教を守護する存在と位置づけられた。

数百年にわたって続いた神仏習合の体制が崩れることは、日本の宗教の歴史のなかで重大な変化である。しかも、それには仏教を排斥し、破壊する「廃仏毀釈《はいぶつきしやく》」が伴った。中国や朝鮮半島では、廃仏はくり返されてきたが、日本でははじめてのことだった。

朝廷の場合にも、古代から仏教と密接な関係を持っており、天皇は神道の儀礼を営むと同時に仏教を信仰の対象としていた。朝廷の行事のなかには、仏教関係のものも多く、一一世紀、ないしは一三世紀からはじまる即位灌頂《そくいかんじょう》のように、密教の儀礼が天皇の即位礼のなかに組み込まれたりもした。朝廷が建立した寺院も多く、すでに見たように、門跡寺院には出家した親王が法親王として入っていた。

京都から東京へと天皇は移り、皇居には宮中三殿が建てられる。その中央に位置する賢所には天照大神が祀られ、「宮中祭祀」と呼ばれる朝廷の祭祀は神道一色となった。

天皇と皇祖神である天照大神を祀る伊勢神宮との間に密接な関係があることは、一八六九（明治二）年に行われた天皇の伊勢神宮参拝に示された。古代から中世にかけては、伊勢神宮には斎宮が設けられ、祭祀を司るために、皇女《おうじょ》や女王《じょおう》が斎王として送り込まれたが、代々の天皇のなかで伊勢神宮に参拝した例はまったくなかった。明治天皇は、歴代の天皇のなかで最初に伊勢神宮に参拝したのだった。

### 戦死者を弔う

こうした動きのなかで、霊魂のことにかんして重要なのは、靖國神社創建に至る流れである。

明治新政府を樹立するなかで、亡くなった藩士の霊を祀ることの先鞭をつけたのが、松陰が生まれ、新政府の中核を担うようになる長州藩だった。長州藩では、攘夷をめざしてイギリス、フランス、オランダ、アメリカと戦った一八六三（文久三）年の下関事件と六四年の四国艦隊下関砲撃事件で戦死者を出しており、慶応元（一八六五）年八月には、藩内で常備軍として奇兵隊を組織した高杉晋作の発案で、戦地となった下関の桜山に戦死者を祀るための「招魂場《しょうこんじょう》」を設けている。

招魂場には、戦死した奇兵隊士の共同墓地が造られ、その前に鳥居と社殿が建てられた。墓地最前列中央には高杉が師とした吉田松陰の墓碑が置かれ、隊士の墓はその周囲に建てられた。世田谷の松陰神社と同じ形である。こちらは現在、桜山招魂場と呼ばれる。後には、高杉自身や奇兵隊に加わっていた後の明治の元勲《げんくん》、山縣有朋なども合祀されている。

桜山招魂場では、奇兵隊の隊士全員が参列して招魂祭が営まれたが、発案者の高杉は、「同志の者は、何時戦没するや測り難し、皆互《かたみ》に予《あらかじ》め生墳を築くこそ妙策なれ」と説いた。生墳とは、まだ生きているうちに建てられる墓のことである。

長州藩では、それぞれの地域で組織された隊ごとに戦死者の共同墓地を設け、それを招魂場として、そのそばに招魂社を設けるという形がとられた。その点で招魂社は墓地と密接な関係をもっていた。それが、京都東山の霊山《りょうぜん》官祭招魂社（現在の京都霊山護国神社）の建立に結びつく。

まず文久二（一八六三）年一二月二四日に、京都の東山区清閑寺霊山町にあった「霊明《れいめい》舎《しゃ》（現在の霊明神社）」と呼ばれる神葬祭のための施設に津和野藩士で国学者だった福羽《ふくば》美静《びせい》、長州藩士の世良利貞など六六名が集まり、安政の大獄以降尊皇攘夷を志して亡くなった志士の霊を祀った。神葬祭とは神道式の葬儀のことだが、これがそのはじまりとされる。

翌年には、京都の祇園社（現在の八坂神社）に建てられた小祠に、やはり津和野藩士が集まり、安政の大獄や桜田門外の変で亡くなった吉田松陰や橋本左内《さない》など四六名の霊を祀った。この小祠は、すぐに取り壊され、福羽の屋敷に移されている。幕府の反発を避けてのこととされる。

この二つの祭典は京都で行われたものである。一方、東京で鳥羽伏見の戦い以来の戦死者の霊を慰めるために営まれた祭典が、明治元（一八六八）年六月二日に東征《とうせい》大総督有栖《ありす》川宮《がわのみや》熾仁《たるひと》親王《しんのう》や新政府の副総裁だった三条実美《さんじょうさねとみ》などが江戸城内で挙行したものである。その実施を告知した前日付の太政官《だじょうかん》布告《ふこく》では「招魂祭」の名称が用いられている。

靖國神社の第三代宮司となった賀茂百樹《ももき》は、一九一一（明治四四）年に刊行した『靖國神社誌』のなかで、この招魂祭について、「東京招魂社の起源とも謂ふべし」と述べている。

実は、この招魂祭の直前の五月一〇日には、「発丑《きちゆう》以来唱義精忠国事ニ斃《たお》ル、者ノ霊魂ヲ慰シ東山ニ祠宇《しう》ヲ設ケテ之ヲ合祀セシム」と「東山ニ一社ヲ建テ当春伏見戦争以来戦死者ノ霊魂ヲ祭祀セシム」という二つの太政官布告が出されていた。前者は、黒船が来航した一八五三（嘉永六）年以来、尊皇攘夷のために殉じた志士を祀ることを命じたものであり、後者は鳥羽伏見の戦い以来の戦死者を対象としたもので、ともに戦死者を弔《とむら》うための施設を京都の東山に建てるよう求めていた。

東山は、福羽美静らが安政の大獄以降の志士の霊を祀ったところである。当時は土葬が一般的であり、京都で命を落とした志士たちの遺体も亡くなった場所の近くに埋葬するしかなかった。近江屋事件で亡くなった坂本龍馬や中岡慎太郎も東山に埋葬された。東山がすでに志士たちの埋葬地になっていたからこそ、弔う場所として選ばれたわけである。

現在そこには京都霊山護国神社が建っている。その山側の境内地には坂本・中岡や木戸孝允《たかよし》をはじめとする志士たち一〇四三名の墓が立ち並ぶとともに、京都府の霊山招魂社をはじめ山口、高知、福岡、鳥取、熊本各県の招魂場が建っている。霊明神社は、この京都霊山護国神社に接している。

太政官布告によれば、招魂社を建設する場所は最初、この京都東山に予定されていたわけだ。ところが、太政官布告が出された直後の同年七月一七日には、江戸が東京に改称されている。九月八日には同年一月一日に遡って明治に元号が改められ、一〇月一三日には明治天皇も京都から江戸城に入った。六九年になると、政府の機関も京都から東京に移り、東京遷都（奠都《てんと》とも呼ばれる）という事態が生まれる。

## 靖國神社に親拝

東京に都が移った以上、明治新政府を打ち立てる上で大きな功績のあった戦死者を祀る場所としては京都よりも東京がふさわしいということになる。そこで東京に招魂社を建てることが計画された。

最初は上野戦争において激戦の地となり焼け野原になっていた上野が有力視された。上野戦争で彰義隊《しょうぎたい》と戦った大村益次郎も、当初、上野に建てるよう建議していた。

ところが、建設地は上野から九段に変更される。大村が、上野を幕府軍の戦死者の霊がさまよう亡魂の地として嫌ったからだとも言われるが、上野には大学病院や公園の建設計画が持ち上がったからだとも言われる。九段は、幕府の歩兵調練場があった場所で、「九段坂上三番町元歩兵屯所跡」と呼ばれていた。

この土地は、その時点で東京府が所有するもので、軍務官はそれを東京府から譲り受けている。軍務官とは、明治新政府において軍事防衛を司る機関のことである。その土地は、約三三ヘクタールにも及んだ。そこに、「九段坂上招魂社」が設けられる。これが東京招魂社の当初の名称で、東京招魂社はやがて靖國神社に改称される。九段坂上招魂社の誕生は一八六九（明治二）年のことで、靖國神社への改称は七九（明治一二）年だった。九段坂上招魂社に代わって東京招魂社の名称が使われるようになるのは七四年ごろからのこととされる。

靖國神社のホームページに掲載されている「靖國神社史」によれば、明治二（一八六九）年六月一二日に、「軍務官知事仁和寺宮嘉彰親王《にんなじのみやよしあきらしんのう》の命により同副知事大村益次郎らが東京九段坂上三番町の旧幕府歩兵屯所跡に赴き、招魂社建設地を検分」したとある。

同月一九日には、東京府から社地を受領し、仮本殿と拝殿を起工している。二三日には、軍務官から在京諸藩に招魂祭を執行することが伝えられ、二九日から七月三日まで祭典の儀が営まれている。なお、この祭典は、現在では「第一回合祀祭」と呼ばれる。

祭典がはじまった二九日の前日夕刻からは、社殿の竣工を祝う修祓《しゅうばつ》式が営まれた。深夜には戊辰戦争に政府側として参戦した諸藩から届け出のあった戦死者三五八八名の霊を招き降ろし、それを本殿に祀る招魂の式が挙行された。翌二九日には、弾正大弼《だんじょうたいひつ》五辻安仲《いつつじやすなか》を勅使として迎える。勅使より勅幣《ちょくへい》を奉り、それを副祭主となった大村益次郎が内陣に納め、祭主の嘉彰親王が祝詞を読み、参列した官員、華族、各藩の藩士が拝礼している。

この時点では、戊辰戦争の戦死者の霊を慰めるために招魂式を行うことが目的であり、そうした霊を恒久的に祭神として祀ろうとは考えられていなかった。そこはあくまで招魂場、ないしは招魂社であり、神社ではなかった。そのため、一般の神社とは異なり神官は置かれず、神職を中心に結成された民兵組織、遠州（現在の静岡県）報国隊や駿州《すんしゅう》（同）赤心隊《せきしんたい》の隊員六二名が招魂社司《しゃし》として仕えていた。社司は位の低い神職である。

九段坂上招魂社が生まれた当初の段階で、そこにどういった性格を持たせていくか、それははっきりしていなかった。最初の祭典が行われた直後の明治二（一八六九）年七月八日には、軍務官は兵部省に改組されているが、兵部省は、翌三年四月四日に、太政官に対して上申書を提出し、二つのことを建議している。

一つは、楠木正成など南朝の忠臣を東京招魂社に合祀することである。当時は、正成を「楠公《なんこう》」として祀り、信仰の対象とする動きが盛んだった。もう一つは、尊皇攘夷を志して亡くなった志士たちや勤王家《きんのうか》を合祀することである。このうち実現されたのは後者だった。それによって吉田松陰も、「維新殉難者」として合祀されている。坂本龍馬なども同様である。

松陰は、処刑される前に、「身はたとひ武蔵の野辺に朽ぬとも　留置まし大和魂」という辞世の句を残したわけだが、彼の「身」だけではなく、大和魂となった彼の「魂」も、やはり武蔵に留まることとなった。

東京招魂社は、やがて靖國神社と改称され、その後、日本が対外戦争を戦うようになると、その戦没者を祭神《さいじん》として祀るようになる。祀られた軍人や軍属は神となった。現在では、それを「英霊」と呼ぶことが一般化しているが、英霊という呼び方が生まれるのは日露戦争後のことだった。

その際に重要なことは、靖國神社には、天皇が参拝に訪れるということである。それは、「親拝《しんぱい》」と呼ばれた。明治天皇が最初、靖國神社に参拝したのは、東京招魂社と呼ばれるようになった一八七四（明治七）年一月二七日のことである。その際に、明治天皇は、

「我国の為をつくせる人々の　名もむさし野にとむる玉かき」という歌を詠んでいる。明治天皇が松陰をどのように評価していたかは分からないが、この歌と松陰の辞世の句との間には響きあうものがある。

その後、明治天皇は靖國神社にたびたび参拝し、日清日露戦争後にはそれぞれ二回ずつ参拝している。天皇は軍服姿で参拝しており、それは、大正天皇や昭和天皇にも受け継がれた。一八八九（明治二二）年には大日本帝国憲法が発布され、第一条において「大日本帝国ハ万世一系ノ天皇之ヲ統治ス」と定められ、第三条では「天皇ハ神聖ニシテ侵スヘカラス」とされた。その日本を統治する神聖な存在が、英霊を前にしては頭を下げる。それは、天皇が英霊を崇《あが》め奉《たてまつ》る機会となった。英霊は、日本という国家のために、さらには、天皇のために命を捧げたがゆえに、大和魂の究極の表れとしてとらえられるようになる。

注目されるのは、国体と大和魂の関係である。国体は国の体、国家の身体である。それに対して、大和魂は大和心でもあり、国家を構成する日本人の心である。ここに、日本の国家を、当時は臣民と呼ばれた国民が支える体制が確立された。大和魂が国体を護持する。そうした社会が形作られたのである。

# 第六章　戦争が大和魂を叫ばせた時代

## 大和魂があふれかえる

夏目漱石が書いた最初の小説は、よく知られているように、『吾輩は猫である』だ。当時、漱石は、第一高等学校と東京帝国大学（ともに現在の東京大学にあたる）の講師をつとめていた。友人である俳人の高浜虚子《きよし》に勧められて執筆したのが、この小説だった。最初、第一章の部分が執筆され、『ホトトギス』の一九〇五年一月号に掲載された。それが好評だったため、続編が執筆され、連載は翌〇六年八月まで続いた。

この小説は、名前のない猫が、飼われている珍野苦沙弥《ちんのくしやみ》という中学の英語教師の家族や、その家に訪れてくる先生の友人や門下生たちの生態を語っていった風刺的な作品である。第六章では、大和魂について、苦沙弥先生の書いた文章をきっかけに次のような会話がくり広げられる。

「大和魂《やまとだましい》！　と叫んで日本人が肺病やみのような咳《せき》をした」
「起し得て突兀《とっこつ》ですね」と寒月君がほめる。
「大和魂！　と新聞屋がいう。大和魂！　と掏摸《すり》がいう。大和魂が一躍して海を渡った。英国で大和魂の演説をする。独逸《ドイツ》で大和魂の芝居をする」

「なるほどこりゃ天然居士《てんねんこじ》以上の作だ」と今度は迷亭先生がそり返って見せる。

「東郷大将が大和魂を有《も》っている。肴屋《さかなや》の銀さんも大和魂を有っている。詐偽師《さぎし》、山師《やまし》、人殺しも大和魂を有っている」

「先生そこへ寒月も有っているとつけて下さい」

「大和魂はどんなものかと聞いたら、大和魂さと答えて行き過ぎた。五、六間行ってからエヘンという声が聞こえた」

「その一句は大出来だ。君はなかなか文才があるね。それから次の句は」

「三角なものが大和魂か、四角なものが大和魂か。大和魂は名前の示す如く魂である。魂であるから常にふらふらしている」

「先生大分面白う御座いますが、ちと大和魂が多過ぎはしませんか」と東風《とうふう》君が注意する。「賛成」といったのは無論迷亭である。

「誰も口にせぬ者はないが、誰も見たものはない。誰も聞いた事はあるが、誰も遇《あ》った者がない。大和魂はそれ天狗《てんぐ》の類《たぐい》か」（『吾輩は猫である』岩波文庫）

この文章からは、当時の巷に大和魂ということばがあふれていたことが伝わってくる。

苦沙弥先生の家に集まってきた人間たちは、それを苦々しく思っているのである。

なぜ巻には大和魂ということばがあふれていたのか。それは、この第六章が一九〇五年一〇月に発表されたということがかかわっている。日本は、前年の二月からロシアと戦争をはじめる。日露戦争である。日露戦争が終結を迎えたのは〇五年九月五日のことだった。戦後の国内には戦勝気分が漂っており、そうしたなかで日本軍の強さを表現するために大和魂ということばが連呼されたのである。

そうした傾向は、すでにその一〇年前に起こった日清戦争のときに生まれていた。一九一三年から一五年にかけて『朝日新聞』に連載された中勘助《なかかんすけ》の『銀の匙』には、「それはそうと戦争が始まつて以来仲間の話は朝から晩まで大和魂とちやんちやん坊主でもちきつてゐる。それに先生までがいつしよになつてまるで犬でもけしかけるやうになんぞといへば大和魂とちやんちやん坊主をくりかへす。私はそれを心から苦苦《にがにが》しく不愉快なことに思つた。……」と述べられている。ここで言われる「戦争」は日清戦争のことである。なお、『銀の匙』は漱石の推薦で『朝日新聞』に連載された。漱石はそのとき、大学を辞めて朝日新聞社の社員になっていた。

ここで言われる大和魂は、愛国心、あるいは愛国心から生まれる勇敢な行動を意味する。

日本は、中国やロシアといった大国を打ち負かした。戦争前、世界からこの二つの大国に比べれば、日本は「小国」だと考えられていた。小国が大国に勝ったのは、戦争に駆り出された日本の兵士たちに、国を愛し、国のためなら自らの命をも犠牲にする覚悟、つまりは大和魂が備わっているからである。そう考えられた。ここでの大和魂の用法は、吉田松陰に近い。

松陰は、黒船での密航を計画し、それを実行に移そうとしたわけだが、黒船来航によって、日本は海外に向かって国を開いていかなければならなくなった。アメリカは武力を背景に徳川幕府に対して日米和親条約や日米修好通商条約の締結を迫り、幕府はそれを受け入れざるを得なかった。こうした条約は、アメリカだけではなく、ロシア、フランス、オランダ、イギリスとも結ばれた。朝廷は最初、それを拒んだが、最終的には受け入れている。

こうした条約は、日本の自主権を認めない不平等条約だった。明治新政府の外交において、この不平等条約の改正がもっとも重要な課題となる。不平等条約を押しつけられたのは、日本が近代化に遅れ、小国に留まっていたからである。日清日露戦争で日本が勝利したことは、欧米諸国にも衝撃を与えた。不平等条約の核にあった関税自主権を日本が回復したのは、日露戦争後の一九一一年のことだった。

漱石や中勘助が嘆くほど日本国内で大和魂が叫ばれるようになるのは、日清日露戦争に勝利をおさめるまで、日本が外交の面において欧米列強に押さえ込まれているという事態が存在したからである。外国人を接待するために鹿鳴館を開いたのも、交わりを深め、不平等条約の改正に持ち込むためだった。

日清戦争に勝利したことで、朝鮮の中国からの独立の承認、遼東半島《りょうとうはんとう》や台湾、澎湖《ほうこ》列島の割譲《かつじょう》、賠償金二億テール（両）の支払いといったことを取りつける。テールは、中国の銀貨の単位を外国人が呼んだものである。ただし、いわゆる三国干渉によって、遼東半島については破棄せざるを得なくなる。

一方、日露戦争に勝利した結果、日本は朝鮮半島の保護権を獲得し、これが韓国併合に結びつく。さらには、ロシアから南樺太や南満州鉄道の利権、旅順《りょじゅん》・大連《だいれん》の租借権を得ることに成功する。ただし、賠償金を得ることができなかった。そのため、日比谷焼き討ち事件などが起こる。国民は、戦争のための増税に耐えており、不満が爆発したからである。

## かくも脆く消えやすきもの

「はじめに」でふれた新渡戸稲造の『武士道』がアメリカで刊行されたのは一九〇〇年のことである。それは、日清戦争で日本が勝利をおさめた後のことだった。そして、〇四年には日本はロシアと開戦し、翌年にはこの戦争に勝利する。英文で書かれた『武士道』が欧米において読者を獲得し、各国語に翻訳されたのも、すでに述べたように、二つの戦争に勝利することで日本という国の存在がクローズアップされたからである。

英文の『武士道』には、"The Soul of Japan"という副題がついている。これは、日本の精神と訳すことができるが、要は大和魂を意味している。そのことについては、「はじめに」でもふれた。では、『武士道』の本文のなかでは、大和魂は登場するのだろうか。

『武士道』において、"the Soul of Japan"が登場するのは、副題を除くと、わずか二箇所である。それはともに、第一五章の「武士道の感化」においてである。最初に登場する箇所では、"Yamato Damashii, the Soul of Japan"とされ、大和魂が日本の精神を意味していることが明確に示されている。これが登場する段落を引用すれば、次のようになる。

武士道はその最初発生したる社会階級より多様の道を通りて流下し、大衆の間に酵《ぱん》母《だね》として作用し、全人民に対する道徳的標準を供給した。武士道は最初は選良《エリート》の光栄として始まったが、時をふるにしたがい国民全般の渇仰《かつごう》および霊感となった。しかして平民は武士の道徳的高さにまでは達しえなかったけれども、「大和魂」は遂に島帝国の民族精神《フオルクスガイスト》を表現するに至った。もし宗教なるものは、マシュー・アーノルドの定義したるごとく「情緒によって感動されたる道徳」に過ぎずとせば、武士道に勝りて宗教の列に加わるべき資格ある倫理体系は稀である。本居宣長が

敷島の大和心を人問はば
朝日に匂ふ山桜花

と詠じた時、彼は我が国民の無言の言をば表現したのである。（新渡戸稲造、矢内原忠雄訳『武士道』岩波文庫）

「無言の言をば表現した」の原文は、“the mute utterance of the nation into words”であった。ここで新渡戸は、宣長の歌を引いている。そして、これに続けて、「大和魂は柔弱

なる培養植物ではなくして、自然的という意味において野生の産である」と述べている。ここでの大和魂の原語は、“Yamato spirit”である。その上で、新渡戸は、ヨーロッパにおいて好まれる薔薇と日本人が好み、宣長が歌に詠んだ桜とを対比させる。

新渡戸は、「薔薇は桜の単純さを欠いている」とし、薔薇が甘美の下に棘を隠し、生命への執着が強靭であり、「時ならず散らんよりもむしろ枝上に朽つるを選び、あたかも死を嫌い恐るるがごとく」であるとする。それに対して、桜は美の下に刃や毒を潜めていることはなく、「自然の召しのままに何時なりとも生を棄て」るというのである。

新渡戸は、この章の終わりの部分で、改めて桜についてふれ、「しからばかく美しくして散りやすく、風のままに吹き去られ、一道の香気を放ちつつ永久に消え去るこの花、この花が大和魂の型《タイプ》であるのか。日本の魂はかくも脆く消えやすきものであるか」と述べている。

さらに新渡戸は、これに続く第一六章「武士道はなお生くるか」において、今度は、吉田松陰が最初に獄につながれる前に詠んだ「かくすればかくなるものと知りながらやむにやまれぬ大和魂」の歌を引用し、それが「日本民族の偽らざる告白」であり、「武士道は我が国の活動精神、運動力」であると述べている。

新渡戸が、近代日本の大きな転換点となる日清日露両戦争の間の時期に、宣長と松陰の「大和魂（心）」を詠った歌に言及しているということは、この時代において、大和魂といえば、宣長や松陰の思想や行動が深くかかわっていると認識されていたことを示している。

新渡戸は、妻の故郷であるアメリカで病気療養を行っているなかで『武士道』を執筆した。彼の手元に、武士道についての日本語の文献はさほど揃っていなかったのではないかと考えられる。というのも、『武士道』で言及されている文献は、欧米のものが圧倒的に多く、日本語によるものは少ないからである。

たとえば、死に際して武士がいかに潔い態度をとったかを説明した第一二章「自殺および復仇《ふっきゅう》の制度」では、切腹の場面を描くために、イギリスの外交官で日本に滞在したアルジャーノン・フリーマン＝ミットフォードの『旧日本の物語“Tales of Old Japan”』を用いている。日本語の資料ではないのである。もう一つ、幼い三兄弟の切腹の場面を描く際には、立ち会った医師の日誌をもとにしたとしているが、この人物については誰か分からない。

新渡戸は、一時的にアメリカに滞在していたのであって、その手元に多くの日本語の資料は存在しなかったはずだ。それでも、宣長と松陰の歌を引用している。彼はそれを記憶していたのだろう。そうであれば、二つの歌は、少なくとも新渡戸のような知識人の間では、常識に属していたことになる。

## 日本人の勇猛果敢な精神

この時代、海外の人間が日本人の大和魂についてどのような関心を持ったのかを教えてくれるのが、ルートヴィッヒ・リースの『ドイツ歴史学者の天皇国家観』（原潔・永岡敦訳、講談社学術文庫）である。リースは、お雇い外国人の一人として、文科大学（東京帝国大学文学部）国史科専門講師となり、一八八七年から一九〇二年まで教鞭をとった。

この本には、リースが日本に滞在している間、あるいはドイツに帰国後数年の間に新聞雑誌に寄稿した文章が集められている。リースは、日露戦争後に書かれた「大和魂あるいは勇猛果敢さ」と題された記事で大和魂についてふれている。

リースは、大和魂をドイツ語にそのまま訳すと、「日本人の霊魂《ゼーレ》」になるとしているが、「島国の帝国に住む日本人がその言葉にこめている意味を明らかにしようとすると、事はそう簡単にはゆかない」とも述べている。そこでリースが持ち出してくるのが、“Schneidigkeit”というドイツ語である。翻訳書では、それは「勇猛果敢さ」と訳されている。

　その上でリースは、“Schneidigkeit”の場合には、「主にプロシア軍の戦場における名誉心からその言葉が生まれた」のに対して、大和魂の方は、「軍事のみにかかわるというよりは広く国民精神全体にかかわる内容を含んでいる」と指摘している。そして、松陰の辞世の句を踏まえたかのように、「日本人の民族精神は天地とともに永遠に絶えることなく存続してきた力とみなされているがゆえに、その精神の真の継承者の魂は、たとえその肉体が滅んでも活動を止めず、この世の出来事に影響を与え続けると日本人は考えている」とも述べている。

　さらにリースは、東郷平八郎の「自分の成功は日本の同一性《アイデンティティ》の存続を未来永劫にわたって代表している天皇の功徳によるものである」という発言も引用している。東郷は、日露戦争における最重要な戦いとなった日本海海戦で連合艦隊を率い、勝利をおさめ、その名を世界に轟かせた。宣長や平田篤胤といった国学者は、日本の優位性を、古代から皇位継承がくり返され、王朝の交代がなかったことに求めたが、東郷は、その考え方を受け継いでいることになる。

　リースは、日露戦争の勝敗を決したもう一つの重要な戦い、旅順港閉塞作戦にもふれ、

「日本人の勇猛果敢さ〔大和魂〕といったばあい、それは、戦争を勝利に導くというよりもむしろ敵の前で死を遂げるということに誇りを見出すのである」と指摘している。そして、死の軽視が、「生に敵対的な仏教思想と関係している」だけではなく、「ここ数年来新たにもてはやされているサムライ身分の名誉法典『武士道（ブシドー）』に結びつけようとする者もいる」としている。

すでに述べたように、新渡戸の『武士道』では、武士が死に際していかに潔い態度をとったのかが強調されていた。そうした精神、つまりは大和魂が、近代の日本社会にも生き続けていることを日露戦争は実証することになったのである。リースは、そのように認識し、それは、彼の記事を通してドイツ国民にも共有されていったのである。

大和魂ということばが、国内外に広まっていく上で、日露戦争は決定的な影響を与えた。しかも、その影響は、日本の精神、大和魂の根幹を支える天皇自身にも及んだ。

それを示しているのが、明治天皇の詠んだ歌、御製《ぎょせい》である。一九一二年に刊行された斎藤良次郎『明治天皇御百首《ごひゃくしゅ》』（大阪毎日新聞社）には、大和心や大和魂を詠んだ明治天皇の次の歌が紹介されている。

山をぬく人の力もしきしまの　やまとごころぞもとゐなるべき（山を抜くといふ程の勇猛な力は何処から来るかといへば、それも敷島の大和魂が基礎であらう）

敷島の大和心のをゝしさは　事ある時ぞあらはれにける（わが日本国民の大和魂は、男々しいものであるが、平生はあらはれなくも、一朝事のある時に、始めて外にあらはれるものではあるよ）

いかならむことにあひてもたゆまぬは　わがしきしまの大和魂（如何なる大事に会ふても、屈せぬは我が敷島の大和魂である）

この三首はいずれも、一九〇四年に詠まれたものである。日露戦争の開戦が、明治天皇に大和魂、大和心を強く意識させたことになったわけである。ほかに、この年に詠まれたものとして、「国といふくにのかゞみとなるばかり　みがけますらを大和だましひ」がある。さらに、日露戦争終結後の〇六年には、「たひらかに世はなりぬとて敷島の　大和心よ撓《たわ》まざらなむ」と詠んでいる。

宣長の歌にちなんで、敷島、大和、朝日、山桜といったタバコが発売されたのも、第三章で見たように、日露戦争の直後のことで、そこには戦費調達という目的があった。大和魂を日本人の勇猛果敢な精神としてとらえる見方は、日露戦争を契機に国内外に広まっていった。しかも大和魂が、宣長の国学に遡るものであることも認識されていた。明治天皇の歌も、明らかに宣長の歌を下敷きにしている。

## 明治の精神とは？

第一章でも見たように、大和魂を書名に含む書物がはじめて刊行されたのは日清戦争のときで、日露戦争の時代にも、同様の書物がいくつか刊行されている。大和魂は、日清戦争から日露戦争の時代にかけての流行語にほかならなかった。

この章の冒頭でもふれたように、漱石や中勘助といった文学者は、大和魂ということばの氾濫に苦言を呈したのだが、興味深いのはその後の漱石である。

漱石は、朝日新聞社に入社して以降、毎年新聞紙上に小説を連載することになった。一九一四年四月から八月の間に連載したのが、代表作となった『こゝろ』である。新聞連載時の題名は、『心　先生の遺書』であった。『こゝろ』は、『彼岸過迄』『行人』に続く漱石

「後期三部作」の最後の作品である。

『こゝろ』の語り手は「私」で、大学の夏休みに鎌倉の由比ヶ浜に海水浴に訪れたとき、「先生」と出会う。先生は、友人を亡くした過去を持ち、最後は、自殺を遂げる。その際に、私に対して遺書を送りつけたのである。

先生は、明治天皇が崩御した際に、次のような感覚に襲われる。

すると夏の暑い盛りに明治天皇が崩御《ほうぎょ》になりました。その時私は明治の精神が天皇に始まって天皇に終ったような気がしました。最も強く明治の影響を受けた私どもが、その後《あと》に生き残っているのは必竟《ひっきょう》時勢遅れだという感じが烈《はげ》しく私の胸を打ちました。（夏目漱石『こころ』岩波文庫）

そこで妻に自分の気持ちを打ち明けると、妻は笑って取り合ってくれなかったものの、「何を思ったものか、突然私に、では殉死でもしたら可《よ》かろうと調戯《からか》いました」。妻のこのさりげない一言が、先生に次のような感情を抱かせることになる。

私は殉死という言葉を殆んど忘れていました。平生《へいぜい》使う必要のない字だから、記憶の底に沈んだまま、腐れかけていたものと見えます。妻の笑談《じょうだん》を聞いて始めてそれを思い出した時、私は妻に向ってもし自分が殉死するならば、明治の精神に殉死するつもりだと答えました。

ただ、この時点で、先生は自らの命を絶とうなどとは考えておらず、「何だか古い不要な言葉に新らしい意義を盛り得たような心持がした」だけだった。

明治天皇が亡くなって一カ月後に天皇の葬儀である大葬が行われた。先生は、その翌日に新聞の号外で乃木希典《まれすけ》大将夫妻の殉死を知ったのだった。

私は新聞で乃木大将の死ぬ前に書き残して行ったものを読みました。西南戦争の時敵に旗を奪《と》られて以来、申し訳のために死のう死のうと思って、つい今日《こんにち》まで生きていたという意味の句を見た時、私は思わず指を折って、乃木さんが死ぬ覚悟をしながら生きながらえて来た年月《としつき》を勘定して見ました。

この出来事に接し、先生は、「それから二、三日して」「とうとう自殺する決心をした」のだった。このことが、私に宛てた遺書に記されていた。

なぜ先生は自ら命を絶ったのか、あるいは、自殺した事実が描かれてはいないので、それを決意したのか。『こゝろ』を読む限りでは、友人のKを裏切り、自殺に追い込んだことが理由になっているようにも見える。だが、先生は、はっきりとそう述べているわけではない。遺書では、すでに引いたように、「明治の精神に殉死する」と書かれているだけである。先生の認識では、明治の精神は、明治天皇にはじまり、明治天皇に終わったことになる。

ここで言う「明治の精神」とは何なのだろうか。小説ということもあり、『こゝろ』ではこれ以上説明は加えられていない。そのため、明治の精神が何をさすかについては、これまでさまざまに議論されてきた。漱石は唐突にこのことばを小説に登場させており、その意味を理解することが難しいからだ。

ただ、天皇、殉死といったことを考えてみるなら、明治の精神とは明治という時代を生んだ日本人の精神であり、それは大和魂や大和心と極めて近いものであるように感じられてくる。そもそも、小説のタイトルは「こゝろ」である。明治の精神に殉じるこころとは、大和心のことではないかとも考えられるのである。

漱石は、軽々しく大和魂ということばが使われることに対して反発していた。だが漱石は、日本人の精神としての大和魂そのものを否定していたわけではない。漱石は、乃木大将夫妻の殉死の報に接して、大和魂が本来意味しているものを改めて確認した。重要なのは、肉体に宿る精神であり、だからこそ肉体が失われても、精神さえ残り続ければいい。精神は肉体から解き放たれることで、かえって純粋なものとして残り続ける。漱石は、そう感じたのではないだろうか。

それは、漱石とともに文豪と言われる森鷗外にも共通する。鷗外は、乃木夫妻の殉死の五日後に行われた葬儀に出席し、その帰りに、「興津彌五右衛門《おきつやごえもん》の遺書」という短編小説を中央公論社に持ち込んだ。この小説は、まさに殉死を扱ったもので、鷗外は乃木夫妻の殉死に武士道の精神が生き続けていることを感じとったのである。

漱石は、明治の精神が明治天皇の崩御によって失われたと、先生に言わしめた。明治天皇の後を大正天皇が継ぐが、一九二一年には、数年前からの病が悪化し、後の昭和天皇が摂政に立てられる。大正天皇は、明治国家を建設し、日本社会の近代化に大きく貢献した明治天皇ほどの存在感を示すことはできなかった。

その一方で、一九一四年に勃発した第一次世界大戦においては、日本は連合国の一つとして参戦し、列強としての地位を固めることになるが、日清日露戦争ほど深くはかかわらなかった。戦死者の数で考えても、第一次世界大戦での死者は日露戦争の二〇分の一程度だった。これでは、大和魂が盛んに叫ばれることにはならなかった。

## 神の社

それよりも、日本社会に大きな影響を与えたのは、戦争によって生じた特需であった。ヨーロッパでは戦争が長引き、各種の物資が不足した。工業国に生まれ変わった日本は、それを補い、工場で働く労働者が農村部から押し寄せ、都市化が進行した。

都市化によって急速に拡大していったのが、草創期の新宗教を代表する天理教であった。天理教は、近代日本の霊魂観を考える上では重要な存在である。

天理教が誕生したのは、幕末維新期のことである。幕末維新期には、長く続いた徳川幕藩体制にほころびが生じ、黒船などの外圧などもあって、社会が混乱し、そのなかで新しい宗教が輩出された。天理教のほかに、如来教（立教は一八〇二年）、黒住《くろずみ》教（同一八一四年）、禊《みそぎ》教（同一八四〇年）、金光《こんこう》教（同一八五九年）などが誕生した。

天理教の教団が、天保九（一八三八）年一〇月二六日を立教の日と定めているのは、その日、教祖である中山みきが「神の社《やしろ》」に定まるという出来事が起こったからである。神の社が何を意味するかは教団のなかでも議論があるが、基本的に、みきが神そのものになったと考えられる。天理教の主宰神である天理王命《てんりおうのみこと》は、人類全体を生み出した存在であることから「親神」であるとされており、みきはこの親神と同一視された。

ただ、神の社という表現は注目される。みきが社であるということは、その身体に神を宿したことになる。その点では、みきの身体と、そこに宿った神とは異なる存在であるということになる。みきが神と同一視されたのは、たびたび神憑《かみがか》りをしたからだが、神憑りをした状態とそうでない状態とは異なっていた。

みきは、明治に入ると、天理教の聖典となる『おふでさき』の執筆をはじめる。『おふでさき』の第一号が執筆されたのは一八六九年の正月のことだった。『おふでさき』は全部で一七冊あり、歌の形式をとっていて、歌の数は一七一一首にのぼる。

みきの孫で、天理教の教団の中心となる初代真柱《しんばしら》となった中山眞之亮《しんのすけ》の甥に梶本宗太郎という人物がいた。宗太郎が、その母から聞いたところによれば、神が「筆をとれとれ」と言うので、みきが筆を紙の上に乗せると、暗がりであるにもかかわらず、すらすら筆が動いたという。みきは、自分が書こうとすると書けなくなり、「わしが書いたのやない。神さんがお書きになったのや」と言っていた。そして、そばにいた眞之亮に、「神様、『書け書け』と仰っしゃって、こうして、書かして貰うたけど、わしは何も分からんのやで。何、お書きになったんやな。お前、読んで聞かしてんか」と、書いたものを読んで聞かせてくれるように求めた。眞之亮がそれを読んでやると、みきはいちいちうなずき、「ああそうかな、そう仰ったのかな」と言ったという（松村吉太郎「教会設置当時の思い出」『復元』第一七号）。

『おふでさき』は、いわゆる「自動書記」の状態によって書かれたことになる。自動書記を行う際、みきには自分で書いているという自覚はなく、あたかも別の人格によって乗っ取られたような状態にあった。書くことを命じたのは神だが、みきは神が『おふでさき』を書いたと認識していた。その点で、みきはまさに神の社だったのである。

一八八一年九月一八日付で警察の丹波市分署に提出された、天理教の信者、山澤良治郎による「就御尋手続上申書」では、みきが赤い着物を着て、転輪王命（天理王命）と唱え、それをまつるようになった事情について、みき自身がどのように語っていたかが紹介されている。みきは、七四年一二月二六日から、突然赤衣を着るようになっていた。

みきは、その四四年前に、神の社として貰い受けられ、その体内に神の心が入り込んだ。その月と日とは、それぞれクニトコタチノ命とヲモタリノ命であり、ほかにクニサヅチノ命、ツキヨミノ命、クモヨミノ命、カシコネノ命が、それぞれの役割を果たしている。人間の体はそうした神からの借りものであり、病いは人間の否定的な感情や欲望を神が諭したものである。また、神を頼めば、なにごとも成就することが約束されているという。

ここで重要なのは、神からの借りものという部分である。現在の天理教の教義で、それは「かしもの・かりもの」と呼ばれる。そこでは、この世界全体が神の体であると考えられ、人間はそうした神の体のなかで生活をしているとされている。そして、神に逆らうと病いに陥るとされ、神はそのことを病いを通して教えるのだと考えられている。

こうした教えが説かれた背景には、みき自身の神憑り体験があった。みきは、天理教の立教とされる時期に、くり返し神憑りし、神が体内に入り込んでくる経験をしている。みきの身体は、神を受け入れる器であり、社なのである。

これは、さらに天理教において死を「出直し」としてとらえる教えに結びついていく。死は、神からの借りものである身体を返すだけで、それぞれの人間の魂は、ふたたび新しい肉体を得て、別の人間として生まれ変わり、この世に現れる。ここでも、身体と霊とが区別され、身体は霊を宿す器と考えられている。出直しするわけだから、死は決して悲しい出来事ではないともされている。

問題になるのは、教祖であるみきの死である。みきは一八八六年に側近の幹部たちとともに拘引され、一二日間にわたって拘留された。二月下旬のことである。この年の冬は三〇年来の寒さだった。これがたたり、みきは翌年の二月一八日に亡くなっている。拘留から解放されて以降、亡くなるまで信者の前に姿を現すことはなかった。享年九〇であった。九〇歳での死は、一九世紀の終わりということを考えると、並外れた長寿だった。ところが、みきは生前、人間の寿命は一一五歳と公言しており、信者たちはそれを信じていた。そのため、九〇歳での早すぎた死に直面して、信者たちは呆然としてしまった。

ただ、みきには後継者が定まっていた。それが大工の棟梁だった飯降伊蔵《いぶりいぞう》という人物である。伊蔵は、みきの死後には、みきと同様に天理王命のことばを伝える役割を果たすようになる。みきという器が失われても、伊蔵という新しい器が神を宿すこととなったのである。それは、まさに天理教の考え方に則《のっと》っていた。

みきの葬儀が行われた翌日の二月二四日に、その伊蔵に神が降り、みきが一一五歳の寿命を二五年縮めて信者たちの救済にあたるのだという意味のことばを下した。このことばが下されるまで、みきの死から六日かかっている。この教えは、天理教において「存命《ぞんめい》の理」と呼ばれるようになる。

そして、みきの魂は、教会本部にある教祖殿に留まっているとされるようになる。教祖殿の仮殿が建てられたのが一八九五年のことで、本格的な教祖殿は一九一四年に完成している。教祖殿には、毎日食事が供えられ、衣替えなども行われている。

みきの死後、遺体は火葬されている。遺骨は、中山家の菩提寺である善福寺に埋葬された。したがって、教祖殿には、みきの肉体は残されていない。そこには、みきの魂が宿っているだけである。神の器だったみきの身体に代わって、教祖殿が器、つまりは社になったとも言える。この天理教の霊魂観は、次の章で述べるように、天皇の問題とも関係していく。

# 第七章　大和魂の帝国

## 国学は国文学、民俗学へ

国学という学問は、近世までのものである。明治に時代が変わると、学問の世界は根本的に変化していく。東京帝国大学をはじめ、大学が誕生するが、そこで教授されるのは、欧米からもたらされた近代的な学問だった。そのなかに国学は入ってこない。江戸時代には、幕府が推奨したこともあり、各藩の藩校で公式の学問として教えられた儒学も、近代に生まれた大学では教えられなかった。

国学は、一方では国文学に姿を変える。国文学は、日本の古典文学を研究するだけではなく、近代の文学作品もその対象としていく。本居宣長が試みた文献の解読や解釈の方法は、国文学にも受け継がれていく。宣長がとった批判的に、あるいは諸資料を比較して文献を解読していく国学のやり方は国文学でも採用された。けれども、国文学は、国学とは異なり、日本の独自性、日本人の精神の優越を説くようなものではなかった。あくまで客観的に文献を研究していくことが、国文学の課題だった。

その一方で、国学のなかには、平田篤胤が幽界、冥界の研究を、体験者の証言をもとに進めるような試みも含まれていた。それを受け継いだのが民俗学であった。異なる民族の間の社会構造や世界観、習俗を研究する学問としては、西欧から民族学が取り入れられ、それは後に人類学と呼ばれるようになるが、民俗学は、日本人に固有の習俗や精神性を明らかにすることを目的としていた。

民俗学は、各地域に住む人々の暮らしのなかに根づいた習俗を扱うものであるため、それを担ったのはそれぞれの地域で研究を進める在野の郷土史家だった。したがって、日本社会の近代化を進める役割を負った大学に民俗学の講座が設けられることはなかった。今日では若干事情は変化してきたものの、民俗学が、在野の学問、アマチュアの学問として、大学におけるアカデミズムとは一線を画していることには変わりがない。

日本の民俗学を創始したのが柳田國男であった。柳田は東京帝国大学法科大学政治科を卒業した後には、農商務省に入り、官僚として仕事を続けた。だが、全国の農村をまわるうち、地域の民俗に関心を持つようになり、民俗学の雑誌として『郷土研究』を発刊するに至る。官僚を辞めた後、大学の講師になったこともあったが、大学の教授として民俗学の講座を開くには至らなかった。

柳田は、若き日には、短歌や詩に関心を持ち、自らも歌や詩を詠んだ。その作品は叙情的なものであった。しかし、国学を直接に学ぶようにはならなかった。

柳田の父、松岡操《みさお》は儒者であり、医者であったが、中年になって神道家となり、地蔵信仰に熱心だった母親が亡くなると、家の仏壇を片付け、仏具類をすべて川に流してしまった。操の葬儀も神道式で行われた。

柳田は、この父の考え方を受け継ぎ、日本に土着の信仰は、本質的に仏教の影響なしに成立したと主張するようになった。そこに、国学的な世界観が反映されており、柳田は、自らの学問を「新国学」と称した。つまり、柳田民俗学は、国学の強い影響を受けているのである。

その柳田の弟子の一人が折口信夫《おりくちしのぶ》である。折口は、國學院大學で国文学、国語学を学び、卒業後、『郷土研究』に論文を寄稿したことをきっかけに、柳田とかかわりをもつようになる。折口は、國學院大學の教授となり、国文学を教えるが、一方民俗学の研究も精力的に行った。日本人の魂のゆくえを考える上で折口の存在は重要である。折口は、日本人の霊魂の問題を深く掘り下げ、独自の解釈を行っていった。

## 大嘗祭の本義

折口の論考のなかで、とくに日本の精神、日本人の霊魂観を考える上で重要なのが、天皇の即位儀礼である大嘗祭《だいじょうさい》について論じた「大嘗祭の本義」という論文である。この論文は、一九三〇年に刊行された彼の著作『古代研究』民俗学篇第二冊に収められた。論文のもととなったのは、二八年六月に信濃教育会（現在も活動中）東部部会で行われた同名の講演だった。それが、『國學院雑誌』の同年八月号と一一月号に、「大嘗祭の風俗歌《ふうぞくうた》」「大嘗祭の本義ならびに風俗歌と真床襲衾《まどこおふすま》」として掲載された。それが、「大嘗祭の本義」へと発展するのである。

現在では、大嘗祭についてどのようなことを言おうが、言論の自由、学問の自由が保障されているため、問題にはならない。だが、折口が大嘗祭について分析を行い、発言した昭和初期の時代には、不敬罪があり、治安維持法も存在した。不敬罪では、天皇や皇室、そして皇祖神を祀る伊勢神宮、あるいは天皇陵に対する「不敬ノ行為」が処罰の対象になった。実際、毎年、一定数の人間が不敬罪で検挙された。また、国体を否定する運動を取り締まるため一九二五年には治安維持法も制定されている。折口は、そうした時代状況のなかで、大嘗祭について発言した。それもかなり刺激的な内容だったのである。

折口は、当時の状況を踏まえ、論文の冒頭で、「此処《ここ》で申して置かねばならぬのは、私の話が、或は不謹慎の様に受け取られる部分があるかも知れない、といふ事である」と述べている。実際、論文のなかで展開された折口の説は不敬と受け取られかねないものだった。折口は、「単なる末梢的な事で、憤慨する様な事のない様にして頂き度い。国家を愛し、宮廷を敬《うやま》ふ熱情に於《おい》ては、私は人にまけぬつもりである」と断っていた。

とくに問題になりかねないのが、「天《あま》の羽衣」について述べた箇所である。

大嘗祭においては、そのときのためだけに使われる建物として大嘗宮《だいじょうきゅう》が建てられる。大嘗宮は悠紀殿《ゆきでん》と主基殿《すきでん》の二つからなっているが、別に、廻立殿《かいりゅうでん》を建てる。神事が行われるのは悠紀殿と主基殿においてだが、それに先立って、天皇は廻立殿で身を浄める。

廻立殿は東西二間に分かれていて、西の間を「御所」、東の間を「御湯殿《おゆどの》」と称する。ともに、床は竹簀《たけす》を張り、蓆《むしろ》をその上に敷いただけのものである。西の間には、宮中で腰掛けとして用いられる床子《しょうじ》を二脚立て、そこに「御帷《みとばり》」とも呼ばれる天の羽衣を置く（真弓常忠『大嘗祭』ちくま学芸文庫）。

折口は、天の羽衣について述べる際に、まず、ふんどしのことを取り上げている。「元来は、人間のふんどしも、馬のふもだしも同一任務のもので、或霊力を発散させぬやうに、制御しておくもの」で、霊魂に関係するからである。馬のふもだしは、馬をつなぎとめておくための綱である。「そして、物忌《ものい》みの期間が済むと、取り避けるものである」ともいう。その上で折口はかなり大胆なことを語り出す。「事実朝廷の行事に見ても、物忌みの後、湯殿の中で、天の羽衣をとり外して、そこで神格を得て自由になられ、性欲も解放されて、女に触れても、穢れではない様になられる」の箇所がそれである。

これは、直接大嘗祭でのことについて述べたものではない。さらに折口は、「此《この》みづのをひもを解くと同時に、ほんとうの神格になる。そして、第一に媾《あ》はれるのが、此紐をといた女である。さうして、其人が后《きさき》になるのである」と言う。ここに出てくる「みづのをひも」について、折口はたびたび言及しているが、その元は古事記にある。垂仁《すいにん》天皇のくだりに、「汝《なんじ》の堅めし美豆能小佩《みづのこはい》は誰かも解かむ」とある。岩波書店版の日本古典文学大系では、美豆能小佩は「立派な小紐《こひも》の意か」という注がつけられている。天皇の身につけていた衣の紐を解くのは女性の役割で、その女性が天皇と交わり、后となるというのである。

ただし、このことは奈良時代には忘れ去られていたと、折口は述べている。けれども、宮中において御湯殿は重要な場所であり、平安時代に記された「御湯殿の上の日記」を見ると、湯殿は依然として神秘的な儀式が行われる場所となっていた。折口は、「即、湯棚には天子様の瑞《みづ》の緒紐《をひも》を解く女が居て、天子様の天の羽衣、即ふもだしを解くのである」と述べている。

折口はこのように述べてきた上で、大嘗祭における天の羽衣について、次のように説明している。

話を元へ戻して、大嘗祭第一回目に天子様が湯へお這入りになるのは、紫宸殿《ししんでん》の近くで行はれるのかと思ふが、正式には廻立殿で行はれたのである。平安朝には既に、行はれなくなつて了《しま》うたらうが、太古は必、行はれたのである。此問題は、天の羽衣の話と関係がある。天人《てんにん》の話の天の羽衣と同一で、飛行の衣とする話は、逆に考へられて了うたからである。天子様の、天の羽衣をおぬがせ申し奉るのが、八処女《やをとめ》のすべき勤めである。

全国各地には、天の羽衣伝説が伝えられている。その元となったのが丹波の天の真名井《まなゐ》で、そこには七人の天つ処女の伝説がある。折口は、「七人の天女《てんによ》の中で、羽衣を奪はれた一人の娘が、後には、伊勢の外宮の豊受大神《とようけのおおかみ》となられた。此七人の天つ処女の縁故で、丹波からは、八処女が、宮廷へも、伊勢へも出て来て、禊ぎの事に奉仕する。不思議なのは、禊ぎに奉仕する処女が、其尊い方の后となられる、習慣の見えて居ることである」としている。八処女は、丹波から宮中へとやってくるのである。

折口はこのように天皇の性生活について言及している。そこで重要なのは、それが物忌《ものい》みと結びつけられている点である。なぜなら折口は、物忌みという行為を大嘗祭の核心に位置づけているからである。「大嘗祭の本義」の前身となった「大嘗祭の本義ならびに風俗歌と真床襲衾」の最後に、折口は、「私は大嘗宮に於ける御衾《おふすま》が、神代紀に見えた真床襲衾で、これにお籠《こも》りになる聖なる御方が、新しい悠紀・主基の外来魂をとりこんで、立ち直られることを中心として、大嘗祭の御儀を、ほのかながら、御観察申しあげたいのである」と述べていた。

## 天皇霊を宿す器

「大嘗祭の本義」では、外来魂を取り込む天皇の身体について、「恐れ多い事であるが、昔は、天子様の御身体は、魂の容れ物である、と考へられて居た。天子様の御身体の事を、すめみまのみことと申し上げて居た。みまは本来、肉体を申し上げる名称で、御身体とい ふ事である」と述べられている。みまに漢字をあてはめれば御体となる。そして、「此すめみまの命に、天皇霊が這入つて、そこで、天子様はえらい御方となられるのである」というのである。

ここに「天皇霊」が登場する。天皇の身体は、この天皇霊を取り入れる容れ物だというのだ。大嘗祭の本質は、新しく即位した天皇が、この天皇霊を受け継ぐことにあるというのが、折口説の核心である。その場が、大嘗宮に敷かれる褥《しとね》である。それについて、折口は次のように述べている。

> 大嘗祭の時の、悠紀・主基両殿の中には、ちやんと御寝所《ごしんじょ》が設けられてあつて、褥《しとね》・衾《ふすま》がある。褥を置いて、掛け布団や、枕も備へられてある。此は、日の皇子となられる御方が、資格完成の為に、此御寝所に引き籠つて、深い御物忌みをなされる場所である。実に、重大なる鎮魂《みたまふり》の行事である。此処に設けられて居る衾は、魂が身体へ這入るまで、引き籠つて居る為のものである。

この衾については、さらに次のように述べている。

> 日本紀の神代の巻を見ると、此布団の事を、真床襲衾《まどこおふすま》と申して居る。彼のにゝぎの

尊が天降りせられる時には、此を被つて居られた。此真床襲衾こそ、大嘗祭の褥裳を考へるよすがともなり、皇太子《ひつぎのみこ》の物忌みの生活を考へるよすがともなる。物忌みの期間中、外の日を避ける為にかぶるものが、真床襲衾である。此を取り除いた時に、完全な天子様となるのである。

大嘗祭のやり方については、八二七（天長四）年から八七七（元慶元）年の間に成立した『貞観儀式《じようがんぎしき》』や、九二七（延長五）年に成立した『延喜式《えんぎしき》』にかなり詳しく書かれている。どちらも、実際に儀式を営むためのマニュアルとしての性格を持つ文献である。そうしたものを見ると、「衾」が大嘗宮に置かれることは明記されている。だが、その衾が真床襲衾であるとは書かれていない。衾を真床襲衾とするのは、あくまで折口の解釈である。

折口が、天皇の身体を魂の容れ物、天皇霊を宿す器としてとらえている点が注目される。これは、前の章で見た天理教の教えに通じている。天理教では、かしもの・かりものという教えが説かれ、個々の人間の死は、借りものである体を返すだけで、そこに宿っていた魂は、別の器、別の身体を見出して生まれ変わるとされていた。身体を魂の容れ物とする考え方は、決して珍しいものではないと言える。

折口は、天皇霊ということばは、日本書紀の敏達《びだつ》天皇の下りに出てくることを指摘している。それは、蝦夷が大和朝廷に服属する誓いを立てる場面でのことで、蝦夷は大和の初瀬川の中流に下り、三輪山に向かって、「清《いさぎよ》き明《あきらけ》き心を用《も》て、天闕《みかど》に事《つか》へ奉《まつ》らむ。臣等《やつこら》、若し盟《ちかい》に違《たが》はば、天地《あめつち》の諸《もろもろ》の神及び天皇《すめらみ》の霊《みたま》、臣が種《つぎ》を絶滅《た》えむ」と述べた。蝦夷は、誓いを破ったときには、天地の神々や天皇の霊が、自分たちの子孫を絶やしても構わないというのだ。日本書紀の原文は漢文で、「天皇霊」という形で出てくる。三輪山は大神《おおみわ》神社の神体山である。

日本書紀では、天皇霊ということばはここにしか出てこない。古事記でも使われていない。折口以前に、大嘗祭において天皇霊が受け継がれると主張した者はいない。

## 出雲国造家の代替わり

天皇霊が継承されるということにかんして、折口が、同様の事例として引き合いに出しているのが、出雲《いずも》国造《こくそう》の場合である。折口は、「出雲の国造家では、国造の代替りには、其年と、其年の翌年と、引続いて二度、京都へ出て来て、天子様に魂を奉る儀式をした」と述べた上で、天皇の代替わりと出雲国造の代替わりの共通性について、次のように述べている。

　此すめみまの命である御身体即、肉体は、生死があるが、此肉体を充《みた》す処の魂は、終始一貫して不変である。故に譬ひ、肉体は変つても、此魂が這入ると、全く同一な天子様となるのである。出雲の国造家では、親が死ぬと、喪がなくて、直に其子が立つて、国造となる。肉体の死によって、国造たる魂は、何の変化も受けないのである。

　折口は、これ以上、出雲国造について言及してはいないが、その代替わりの儀式は、大嘗祭における天皇霊の問題を考える上で極めて重要なものである。

出雲国造は、出雲大社に仕える神職であり、古事記においては、出雲国造の祖は、天照大神が須佐之男命《すさのおのみこと》と誓約を行った際に生まれた天之菩卑能命《あまのほひのみこと》であるとされている。国造という存在は出雲だけには限られない。出雲のほかに、今でも紀伊国造《きいこくそう》と阿蘇国造《あそこくぞう》が古代から代々受け継がれ、それぞれ日前宮《にちぜんぐう》（日前《ひのくま》神宮・國懸《くにかかす》神宮の二社を祀る）と阿蘇神社の祭祀を司っている。

国造は元来、それぞれの地域の支配者であり、豪族であった。地方の豪族が大和朝廷の支配下に入り、国造と定められた。ただし、大化の改新以前には、国造は、それぞれの土地を支配するとともに、祭祀を司っていた。そのあり方は、日本に限らず、世界の各民族に君臨した「祭祀王」と共通する。それが、大化の改新以降になると、政治上の権力は朝廷の派遣した国司《こくし》に奪われ、国造はもっぱら祭司を担うようになっていく。

出雲国造のあり方は、通常の神主、神職とは異なっている。

出雲大社の国造の家は、現在では二つに分かれている。出雲大社の本殿の西側には千家《せんげ》家があり、東側にはもう一つの北島家がある。千家家と北島家はもともと一つだったが、一四世紀の半ばに二つに分かれた。千家家の方が本家で、北島家は分家の立場にある。両家は年間の祭祀を分担しているが、社殿を新築する際の釿始《ちょうなはじめ》、柱立《はしらだて》、棟上《むねあげ》、あるいは遷宮といった重要な祭儀については本家である千家家が担当することになっている。

出雲国造が代替わりするときに行われるのが、「火継式《ひつぎしき》」と呼ばれる特別な祭儀である。国造は、その地位を引き継いでから亡くなるまで、屋敷のなかにある「斎火殿《さいかでん》（お火所）」という場所で神火《しんか》を灯し続け、この神火で調理したものだけを食べた。家族であっても、それは口にできなかった。これは現在では祭事のあるときに限られる。

この神火は、国造の地位を継承する際に新たに鑽《き》り出したものである。先代の国造が亡くなると、その後継者は、古代から伝えられてきたとされる火燧臼《ひきりうす》と火燧杵《ひきりきね》をもって国造の館を出発し、八束郡《やつかぐん》（現・松江市八雲町）にある熊野大社へ向かう。そこに祀られた神は、現在では「加夫呂伎熊野大神櫛御気野命《かぶろぎくまのおおかみくしみけぬのみこと》と称える素戔嗚尊《すさのおのみこと》」とされるが、もともと出雲国造が祀っていた神とされる。新たに国造となる者は、熊野大社の鑽火殿《さんかでん》で、もってきた臼と杵を使って神火を鑽り出してくることになる。

ここで重要なのは、先代の国造の葬り方である。神火を鑽り出すことで、先代の国造から新しい国造への継承がなされたと見なされる。昔は、その知らせが国造家にもたらされると、先代の国造の遺体は赤い牛に乗せて運び出され、出雲大社の東南にある菱根《ひしね》の池に水葬された。この池は今はない。そして、墓は造られなかった。墓が造られないのは、国造はその祖先である天之菩卑能命と一体であり、永遠に生き続けるものと考えられているからだとされる。

江戸時代の儒学者である林羅山《はやしらざん》を生んだ林家が編纂した編年体の歴史書に『本朝通鑑《ほんちょうつがん》』があるが、その編輯《へんしゅう》日記である『国史館日録』には、「出雲国造家では父死して後嗣が国造になっても、その族はこのために哭《な》く者なく、いずれも新国造の襲職《しゅうしょく》を賀《が》す、子は父の葬に会することなく服忌《ぶくき》がない」と記されている。これは、出雲国造は永遠の存在であり、肉体はあくまで仮のものにすぎないことを意味している。

出雲国造の第八二代当主だった千家尊統《たかむね》は、火継式から思い当たるのが天皇の大嘗祭であると指摘していた。尊統は、折口の天皇霊の説にふれ、絶やしてはならないとされる神火は国造の魂の象徴であり、火継式は実は霊継式《ひつぎしき》なのだとしていた（『出雲大社』学生社）。

## 外来魂への信仰

出雲大社の本殿は八丈の高さがある。それは二四メートルに相当し、これだけの高さを誇る神社建築はほかに存在しない。出雲大社は日本一大きな神社である。

出雲大社の建築様式は、「大社造」と呼ばれ、大きな階段と高床を特徴としている。本殿の内部には九本の柱があり、中央にあるもっとも太い柱は「心御柱《しんのみはしら》」と呼ばれる。その心御柱と右中央の側柱の間は板で仕切られていて、仕切りの奥に「神座《しんざ》」が設けられている。神座は社になっていて、それは本殿の四分の一を占めている。畳にすると一五畳ほどの広さである。

一般の神社では、本殿のなかには御神体が祀られている。たとえば、伊勢神宮の御神体は八咫鏡《やたのかがみ》である。他の神社でも、鏡や御幣《ごへい》が御神体となっている。ところが、出雲大社では、本殿のなかにさらに社があり、二重構造になっている。内部にさらに社があるということは、本殿とされる空間は御神体をおさめる場所ではなく、祭儀を行うための場所であることを意味している。

実際、本殿の内部で祭儀が行われたことを示す図と絵が残されている。図の方は、江戸時代に出雲大社で神職をつとめていた佐草自清《さくさよりきよ》という人物が書いた『出雲水青随筆《みずはる》』にある「本社御供之図」である。その図を見ると、「御内殿《ごないでん》」と書かれた神座の前には、国造の座がもうけられ、その前には机があって、飯、酒、菓子が供えられている。これは、国造自身が神として祭祀の対象になっていた可能性を示している。

絵の方は、千家家が明治時代に創設した教派神道の教団、出雲大社《おおやしろ》教が所蔵する「本殿内および座配の図」で、こちらも近世のものとされる。

その絵では、衣冠束帯姿《いかんそくたいすがた》の国造とおぼしき人物が、心御柱と左の側柱の奥に正面を向いて座っており、その前には、やはり衣冠束帯姿の一二人の神職が左右の列に分かれて座っている。これも、国造が祭祀の対象になっていたことを示している。

祭儀の対象になるということは、国造が神と等しい存在としてとらえられていたことを意味する。だからこそ、他の神職から供応を受けたわけである。国造は、現人神《あらひとがみ》であるとも言える。

出雲大社教の石原廣吉は、「生神様《いきがみさま》」（『幽顕《ゆうけん》』五二二号、一九五六年）という文章のなかで、「大正の初……尊紀様《たかのり》〔第八一代国造、在位一八八二～一九一一年〕までは、国造様を生神様として土下座して拝みました。……尊福様《たかとみ》が東京へ出られるまでは、国造様というものは、毎朝お火所で潔斎《けつさい》をして常に神火によって食事をなさる。また一生土を踏むことを許されない。……こういった一般人とは異なった厳重な御生活の神性さから、生神様として拝まれたのだと思います」と述べていた。以前の国造は、土を踏むことも許されなかったのだ。

こうした出雲国造のあり方が古代的なものを受け継いできているのだとすれば、折口の天皇霊というとらえ方の妥当性を証明しているようにも思える。

民俗学の小川直之は、「折口信夫の霊魂論覚書」（『明治聖徳記念学会紀要』復刊四四号、二〇〇七年）において、折口がその霊魂論を組み立てる上で基盤の一つにしたのが「外来魂」への信仰であるとしている。

折口は、『世界聖典外纂《がいさん》』に収められた「琉球の宗教」という論文を『折口信夫全集 二』に収録するにあたって加筆した箇所で、「霊魂をひつくるめてまぶいと言ふ。まぶりの義である。即、人間守護の霊魂が外在して、多くの肉体に附著して居るものと見るのである」と述べていた。霊魂は、肉体と不即不離の関係にあり、自由に遊離脱却するというのである。

「まぶい」とは生霊《いきりよう》のことで、折口は一九二三年に沖縄を訪れ、そのときに、亡くなった人間の肉体と魂を分けるまぶいわかしをユタからしてもらった。

それから三年が経った一九二六年に『民族』という雑誌に寄稿した「小栗外伝（餓鬼阿《がきあ》弥蘇生譚《みそせいたん》の二）」という論文では、新しい出雲国造が就任する際に朝廷に参向して唱える「出雲 国 造 神賀詞《いずものくにのみやつこのかむよごと》」にふれ、「大物主を大国主の和魂として居るのは、外来魂を忘れ、内在魂の游離分割の考へ方を、おし拡げる様になつた時代の飜案《ほんあん》である」とふたたび外来魂に言及していた。

その上で折口は、日本書紀の天皇霊の用例にふれ、それを先の天皇が昇天するとともに、新しい天皇が受け継ぐ「日の神の魂」としての外来魂ととらえ、「所謂真床覆衾（神代紀）を被つて、外気に触れない物忌みを経て、血統以外の継承条件をも獲られたものであらう」と述べていた。これが、「大嘗祭の本義」の主張に発展していくわけである。

## 御衾にくるまる秘儀

折口が主張した大嘗祭における天皇霊の継承については、一時期「定説」とも見なされていた。ところが、それは史料によって確実に裏づけられるものではなく、あくまで折口の立てた「仮説」である。実際、一九七五年の神道宗教学会学術大会の共同討議、「践祚《せんそ》大嘗祭をめぐって」において、神道学の西田長男《ながお》は、折口説に対して疑問を呈し、「古社の御神座《ごしんざ》の様子を考えてみますというと、大嘗宮の作りに非常に似ている点が考えられるわけでございます。神いますが如く、ということで、神様のお褥、つまりベッドですね。それから枕とか蒲団とかの品々が設けてある。（中略）だから、神社の内陣にも真床御衾があると云えますし、大嘗宮だけに真床御衾があるというのではないと思います」と発言していた。

この西田の発言を紹介している神道学の岡田莊司《しょうじ》は、自分の理解する大嘗祭、ならびに新嘗祭《にいなめさい》は、「天皇親祭による神膳の御供進と共食にあり、いわゆる〝真床御衾〟にくるまる秘儀は全く無かったと考えている」と述べている（「大嘗祭の本義をめぐる研究史」『明治聖徳記念学会紀要』復刊二号、一九八九年）。

岡田は、二〇一九年に國學院大學博物館で行われた「企画展大嘗祭」の図録に収められた「総論」と題された文章においても、「昭和の戦後、この学説は当時流行していたオカルトブームも手伝って、無批判に学問世界に拡散していった。しかし、平安時代・中世の記録には、どこにもそうした秘儀説は書かれておらず、もっぱら神饌の御供進と直会《なおらい》が重要であると記録されている」と折口説を否定している。

直会の際に、天皇は対座した神に対して頭を低く下げ、下位の者が上位の者に対して恭敬の態度をとる「称唯《いしょう》」を行うことから、「大神と天皇との間に、侵すことができない上下関係があると認められ、折口信夫の寝座秘儀説を否定」しているというのである。天皇は、神の寝所には近づくこともできないというのだ。

この文章では、折口の説が定説扱いされるようになったのはオカルトブームによるかのように説明されている。だが、岡田は、「大嘗祭の本義をめぐる研究史」においては、歴史学界で折口説が受け入れられた背景として、神道学の宮地直一《みやじなおかず》の影響を指摘している。宮地は、東京帝国大学文科大学史学科を卒業してから内務省に勤務し、官僚を続けながら、國學院大學や東京帝国大学で教鞭をとった。一九三八年からは、東京帝国大学神道研究室の主任教授をつとめた。神道研究室は、戦後廃止され、宗教学研究室に統合されている。

宮地は、神道研究室の主任教授に就任した際の講義案において、天皇霊について次のように強調していた。

天皇は天皇としての天皇霊・天皇魂を持っておいでになる。その霊魂は天祖天照大神以来終始一貫して天皇の御肉体の中に宿って居る、肉体は霊魂の容器であり、天皇の天皇たる本質はその中に宿在する天皇霊・天皇魂である、そうしてその天皇霊・天皇魂を発揮せしめ奉つて、天皇の天皇たる実を実現し奉るべく神秘の方術を執り行ふのがこの祭であろうかと。（『宮地直一論集 第五巻』蒼洋社）

宮地は、折口の名前を出しているわけではないが、明らかに折口説に則《のっと》って大嘗祭の秘儀を説明している。岡田は、この宮地の見解が、戦後において東京大学の歴史学者にも受け継がれているとする。たとえば、井上光貞は、岩波日本思想体系『律令』の神祇令についての注で、「天皇は大嘗宮に入って浴湯ののち、悠紀正殿に入って神饌を供し、みずからも御饌《ぎょせん》を食し（御衾の秘儀もこの間おこなわれる）」と述べている。また、一九八九年に刊行された岩波新日本古典文学大系『続日本紀』第一巻の補注でも、月並祭《つきなみのまつり》の項で、「またマトコオフスマの秘儀を行う」と記されている。岡田は、折口説が、「六十年にわたって岡田精司《せいし》氏など一部に批判はあるものの、『仮説』のまま実証史学の中にも、正統論として生き続け不動の地位を築いてきた」としている。

たしかに岡田莊司が指摘するように、大嘗祭についての史料を見ても、どこにも天皇が衾にくるまって、物忌みをしたとは書かれていない。それは、大嘗祭のやり方について記したもっとも古い史料、九世紀後半に成立した『貞観儀式』や、九二七年に成立した『延喜式』においてもそうである。

そうした史料では、岡田が大嘗祭の核心である天皇が神と共食する部分、神饌行立《ぎょうりゅう》については、秘儀とされ、そのやり方は示されていない。ただ、平安時代の後期の公卿《くぎょう》で儒学者であった大江匡房《まさふさ》の『江家次第《ごうけしだい》』や『江記《ごうき》（天仁大嘗会記《てんにんだいじょうえき》）』に記されている。中世においては、大嘗祭は大嘗会と呼ばれた。

『江家次第』などが残されていなければ、大嘗祭の核心的な部分については、情報を得られなかった。しかも、大嘗祭は、応仁の乱が起こった後、二〇〇年以上にわたって中断された。『江家次第』などがなければ、復興は難しかったであろう。ほかにも、秘儀とされ、記録がないために、伝わっていない事柄があるものと推測される。

すでに述べたように、折口は大嘗祭に関連して、天皇の性生活にも言及していた。天皇は、衣の紐を解かれることで、神格を発揮し、その際にその紐を解いた女性と交わり、結ばれるというのだ。これは、さまざまな民族において古代に存在したとされる「聖婚《ヒエロス・ガモス》」としてとらえることができる。

では、天皇はその女性とどこで交わるのか。交わる場所としては、大嘗宮に敷かれた褥と衾が考えられる。少なくとも大嘗宮にはほかに場所がない。廻立殿も、あくまで天皇が身を浄めるための場であり、同衾の場所ではない。

天皇とそれに仕える処女とが、大嘗宮の衾のなかで交わる。それこそが物忌みの意味するところだったのではないか。折口は、実はそこまで考えていたのではないだろうか。

## 折口の自由な想像力

折口は、よく知られているように同性愛者だった。その面については、折口の弟子だった加藤守雄が、『わが師　折口信夫』（朝日文庫）に書いている。この本はもともと、一九六七年に文藝春秋から単行本として刊行されたものである。

加藤は、折口の家に同居した。弟子が師の自宅に書生として住むことは、その時代には珍しいことではなかった。ただ、加藤は同性愛者ではない。にもかかわらず折口は、加藤に同衾を迫ってきたのだった。

私がこの本の存在を知ったのは大学一年のときだった。私は当時、東京大学の駒場キャンパスに通っていたが、「柳田國男と折口信夫」と題された一般教養のゼミを履修した。担当は文学部の柳川啓一先生であった。私はこのゼミを通して柳川先生を知り、それが宗教学研究室に進学するきっかけともなった。その点で、思い出深いゼミだが、そのゼミにかんして今でも覚えていることは、柳川先生が『わが師　折口信夫』の内容を紹介したときのことだった。逆に、それ以外は覚えていない。柳川先生は、次のような一節をゼミのなかで読んだ。折口が加藤にくり返し同衾を迫る直前の夜のことである。文中の先生は折口のことである。

先生は奇妙なことをはじめた。押入れから、紐をとり出すと、部屋の鴨居《かもい》から鴨居へ掛け渡した。そして、階下から持って来た、ぬれた布きれをその紐に垂らした。一尺に三尺ほどの、黒い絹の切れだ。腰巻にしては短く、腹巻にしては幅が広い。その中間の用を足すものらしい。下につけるものだから、人目につかぬように、自分で洗って、こんな所へ干していられるのだろう。

これを床の中から見上げて、加藤は「ぞっとした」という。そして、次のように想像をめぐらす。

この絹の布を黒く染め上げたのも、先生自身に違いない。私は、これまで先生がそんなものを身に着けていられるとは知らなかったし、干してあるのを見たこともなかった。今、それが、私の頭の上に張り渡されている。まるで、呪術師《じゆじゆつし》が、秘密の祭儀のための、祭壇を用意しているような感じがする。

この箇所を読み上げたときの柳川先生は、どこか楽しそうだった。それは、著名な学者の性生活にかかわる秘密を知ってのことだろうが、大学のゼミという場を考えると、こうした場面を紹介すること自体が、何かタブーを犯しているようにも感じられた。

その数日後、折口は加藤のからだを蒲団の上から抱きすくめるようにしてゆさぶり、「ぼくの言うことを聞くか。聞くか」と迫ってきた。しかも、その振る舞いは次第に露骨になっていく。折口は、「森蘭丸は織田信長に愛されたということで、歴史に名が残った。

君だって、折口信夫に愛された男として、名前が残ればいいではないか」と口説くようなことさえあった。その一カ月後、加藤は折口のもとから逃げ出す。

折口は、すでにふれたように「大嘗祭の本義」において、ふんどしについてふれていた。ふんどしとは、「或霊力を発散させぬやうに、制御しておくものである。そして、物忌みの期間が済むと、取り避けるものである」というのだ。この箇所は、折口が加藤の寝ている上に黒いふんどしを吊るした光景と重なる。

折口が、大嘗祭で行われる秘儀を聖婚としてとらえようとしたことも、彼の性癖と決して無関係ではないだろう。そこが、折口の師である柳田とは異なる。柳田は、加藤に対して、「加藤君、牝鶏になっちゃいけませんよ」と忠告していた。しかも、折口が一緒にいる時にである。それを聞いて折口の表情は、「みるみる蒼白になった」という。そして折口は、「柳田先生のおっしゃった意味は、ぼくには良くわからない」と悲しそうに首をふったというのである。

さらに想像をたくましくすれば、折口が、加藤を蒲団の上から抱きすくめたところは、真床御衾に通じていくようにも思える。加藤が折口と同居し、そこから逃げ出したのは、戦時中の一九四四年のことだった。すでにその時点で、「大嘗祭の本義」のもとになった講演が行われてから一六年の歳月が流れていた。

現在、岡田荘司などが、懸命に折口説を否定しようとするのも、そうは述べてはいないが、折口が大嘗祭の性的な側面を指摘し、そこに儀式の本質を求めようとしたことを嫌ってのことかもしれない。

たしかに、岡田が指摘するように、大嘗祭において、天皇が衾で物忌みを行ったということはどこにも記録されていない。その点では、天皇霊を受け継ぐ儀式は存在しないことになる。

ただ、大嘗宮に褥が敷かれ、その上に衾があることは事実である。しかも、その手前には沓《くつ》が置かれている。それは、誰かがその沓を履いて、寝座までやってきたことを示している。それは、神が降り、いったんは衾にくるまれたことを意味しているようにも見える。

折口は、天皇の衣の紐を解く役割の女性が、その后になるということは、奈良時代にはすでに忘れ去られていたと述べていた。折口が考える古代は、奈良時代以前のことである。そうした相当に古い時代に大嘗祭で何が行われていたのかについては、まったく記録がない。記録がないからこそ、折口は自由に想像力を発揮できたとも言える。

折口説が正しいのかどうか、それを証明することも、完全に否定することも難しい。大嘗祭の全貌が必ずしも明らかにはなっていないし、すでに指摘したように、今日行われているものが、昔通りのやり方にもとづいているという保証もないからだ。

しかし、そうした折口説が、戦前から戦後にかけて、神道学や歴史学の世界において比較的スムーズに受け入れられたということ自体が注目されるのではないだろうか。

いったいそれはなぜなのだろうか。

## 国民は天皇の赤子

ここまで追ってきた大和魂の問題と関連させて考えてみたい。

大和魂の初出は『源氏物語』であり、そこでは、中国文化にもとづく知性と対比される、日本人独特の知恵としてとらえられていた。すでに指摘したように、そこには、学問にもとづく知性よりも、日本人に自ずから備わった知恵を重視する反知性主義の傾向が見られた。

『源氏物語』をもとにもののあはれ論を展開した国学者の本居宣長は、そうした反知性主義を受け継ぎつつ、大和魂の大和が他国に優る原因を王朝の交代がなかったことに求めた。さらには、天皇の祖である神の定めた事柄を、善悪を超えて受け入れるために、大和魂を固める必要があることを説いた。

それは、宣長の死後の弟子平田篤胤に受け継がれていくが、篤胤は、魂の死後のゆくえということに大きな関心を抱き、幽界や冥界の実在を証明しようとした。

天皇を中心とした政治体制を「国体」と呼んだ水戸学は、国学とともに尊皇攘夷のイデオロギーを生み出していくが、それに感化されたのが吉田松陰であった。松陰は、自らの魂は死後に大和魂としてこの世に残り続けると遺言して処刑された。これは、霊魂と肉体が分離するという考え方を生むことにつながっていくが、尊皇攘夷のために亡くなった幕末の志士たちの霊魂は、招魂社に祀られることとなり、招魂社はやがて靖國神社に発展していく。

こうした大和魂は、ナショナリズムと強く結びつくものである。日本が中国やロシアと戦争をくり広げ、それに勝利することで、大和魂は称揚されるようになる。戦死者は、靖國神社に祀られ、天皇の親拝を受けることとなった。

明治天皇自身、歌のなかで、雄々しく、いかなる状況に立ち向かってもひるまない大和魂を高く評価した。

明治天皇は、日露戦争で戦った日本軍兵士の精神の根底に大和魂が存在するととらえたわけだが、では、天皇自身の場合にはどうなのだろうか。その根底にはやはり大和魂が存在しているのだろうか。

このことについて言及したものはないが、もし天皇のこころに大和魂が宿っているとするなら、天皇と国民とは同じだということになる。そうしたとらえ方も可能だが、それでは、天皇が特別の存在であることを強調できなくなる。

その点で、折口が説いた天皇霊という考え方は、天皇と一般の国民とを明確に区別するものとなる。天皇が貴い存在であるのは、血によってその地位が継承されてきたからではない。天皇の身体はあくまで器であり、そこに宿る天皇霊が、天皇を天皇たらしめる証となる。天皇は、国体の要である。国家というからだのなかに、天皇霊を宿した天皇が君臨する。折口の主張は、そうした体制をより明確な形で示すものであった。

さらに、「赤子《せきし》」という考え方があった。赤子は生まれて間もない子ども、赤ん坊のことだが、明治の日本社会においては、国民は天皇の赤子としてとらえられた。

たとえば、日本赤十字社の創始者となった佐野常民《つねたみ》は、一八七七年に起こった西南戦争に際して、日本赤十字社の前身となる博愛社の設立願書を政府に提出するが、そのなかで、「この輩のごとき大義を誤り、王師に敵すといえども、また皇国の人民たり。皇家の赤子たり」と述べ、官軍と対立する賊軍《ぞくぐん》の兵士であっても、天皇の赤子であることに変わりはないと主張した。

天皇を親と見なし、国民をその子どもととらえる見方は、戦後の社会科学の世界では、「家族国家観」と呼ばれた。そこでは、君主としての天皇に忠を尽くし、同時に、国民の親としての天皇に孝を尽くすということが、矛盾なく併存することとなった。

これをまとめてみると、次のようになる。

日本国家の体制は国体と呼ばれ、その中核に天皇が位置した。天皇の位は神武天皇以来受け継がれてきたもので、そこに王朝の交代はなかった。国学者は、それをもとに日本が他国に優ると主張した。折口説は、天皇霊という考え方を導入することで、天皇の神聖性をより強調することになった。

国民は、そうした天皇の子どもであり、そのからだのなかには大和魂を宿している。いざ他国との戦いに臨んでは、その大和魂が発動し、勇猛果敢に戦いに挑んでいく。たとえ、戦場に倒れ、命を失ったとしても、その魂は靖國神社に祀られ、天皇の親拝を受けることができる。

こうしたシステムが近代の日本社会に成立していたとするなら、折口が大嘗祭において天皇霊の継承が行われると説いたことは、重要な意味を持つ。大嘗宮において、天皇がたんに神饌行立を行うだけなら、それは神をもてなし、祈願を行ったというだけで、天皇自身は変化しない。それでは、膨大な手間と隙《ひま》をかけて大嘗祭を営む意味があるのだろうかという疑問も湧いてくる。

中世において、大嘗祭を経験していない天皇は、「半帝」と呼ばれた。第八五代の仲恭《ちゆうきよう》天皇は一七歳で亡くなっており、在位期間はわずか七八日間にしかならず、大嘗祭も経ていないために半帝とされた。天皇に即位するための通過儀礼を果たしておらず、天皇に成りきっていないと判断されたからである。

通過儀礼は地位の変化を伴うものであり、現代の成人式のように、ただ形式に従うだけのものもあるが、本格的なものともなれば、その対象となった人間は、それに臨む前と後では大きく変化していく。そうした観点からすれば、大嘗祭において天皇霊を受け継ぐことで新たな天皇が誕生するという折口説は理解しやすい。だからこそ、これは支持され、多くの信奉者を生んだのである。

さらに、国民がすべて天皇の赤子であるとすれば、国民もまた、天皇霊を受け継いでいることになる。そこで、天皇霊と大和魂は融合する。

島崎藤村の小説『夜明け前』の主人公、青山半蔵は、著者の父親をモデルとしているが、国学にめざめ、その精神が明治新政府に生かされることを願い、一時は国民教化のために設けられた教部省に出仕する。しかし、政府の方針は次第に国学の理想から離れていったため、半蔵は最後、廃人となって座敷牢で病死してしまう。

しかし、半蔵の理想は、国学の伝統を受け継ぐ国文学や民俗学を研究した折口の手によって、少なくとも理論的には実現されたことになる。天皇霊の観念が打ち出されることによって、大和魂を核とした国家体制が実現されたのである。それこそが大日本帝国の正体であったとすれば、そこに生まれたのは「大和魂の帝国」であったということになるのである。

# 第八章　柳田國男がまとめあげた先祖という神

国家の基軸

前の章の終わりで、大和魂が天皇霊と結びつく形で形成された「大和魂の帝国」に言及した。それは、たんに観念の上での問題ではなく、現実と深く結びついていた。近代の日本社会において、天皇霊を宿す天皇という存在が、憲法の枠のなかに位置づけられたからである。

日本で最初の近代的な憲法が、一八八九年に発布され、翌年に施行された大日本帝国憲法である。大日本帝国憲法において、天皇のことについては冒頭に言及されている。第一条では、「大日本帝国ハ万世一系《ばんせいいっけい》ノ天皇之ヲ統治ス」と、天皇は統治者と位置づけられた。第三条では、「天皇ハ神聖ニシテ侵スヘカラス」と、その神聖性が強調された。第四条においては、「天皇ハ国ノ元首ニシテ統治権ヲ総攬《そうらん》シ此《こ》ノ憲法ノ条規ニ依リ之ヲ行フ」と、天皇は憲法に従うことが定められるとともに、明確に国家を代表する元首とされたのである。

これに続く各条文では、天皇の果たす役割について述べられている。第五条では、「天皇ハ帝国議会ノ協賛ヲ以《もっ》テ立法権ヲ行フ」とされ、第六条では、「天皇ハ法律ヲ裁可《さいか》シ其ノ公布及執行ヲ命ス」とされた。天皇は、議会の協賛を必要とはするものの、法律を定め、それを公布し、執行を命じる権限を与えられたのである。

以下、帝国議会の開会、閉会、停会、解散を命じることからはじまって、勅令《ちょくれい》を発すること、官吏《かんり》の給与を定めること、陸海軍を統帥《とうすい》すること、宣戦布告や条約を締結すること、戒厳を宣告すること、勲章などの栄典を授与すること、大赦《たいしゃ》・特赦《とくしゃ》を行うことなどの権限が天皇に与えられた。

大日本帝国憲法の条文を見ていくと、それとは対照的に、内閣についてまったく言及されていないことに気づく。内閣制は、憲法に先立って一八八五年に確立され、そのあり方については内閣職権という勅旨《ちょくし》によって定められていた。そのため、憲法のなかには盛り込まれなかったと考えられるが、憲法として内閣の規定を欠くことは不自然であるとも言える。

天皇が行う事柄は、やがて「天皇大権《たいけん》」と呼ばれるようになるが、立法権について、議会の協賛が定められていただけでなく、第五五条では、「国務各大臣ハ天皇ヲ輔弼《ほひつ》シ其ノ責ニ任ス」と規定されており、天皇大権に制限が加えられていた。

内閣や議会がそこに深くかかわるとはいえ、天皇に国家の命運を左右するような大きな権限が与えられたのには理由があった。

大日本帝国憲法を制定することに尽力した伊藤博文は、その準備のためにドイツやイギリスにわたって各国の憲法について研究を行ったが、枢密院《すうみついん》に憲法草案を提出するに先立って、その大意を説明した。

その際に伊藤は、「欧州ニ於《おい》テハ（略）宗教ナル者アリテ之カ機軸ヲ為シ」ているのに対して、「我国ニ在《あっ》テハ宗教ナル者其力微弱ニシテ、一モ国家ノ機軸タルヘキモノナシ」とし、「我国ニ在テ機軸トスヘキハ、独リ皇室アルノミ」という見解を述べていた。伊藤は、欧米においては宗教が、つまりはキリスト教が国家を成り立たせる機軸になっているという認識を示した上で、日本では、宗教がそうした役割を果たしていないととらえていた。ここで言う宗教は、神道と仏教、あるいはそれに儒教や道教が混じり合ったものということになるが、そうした日本の宗教では近代国家を支えることはできないというのである。欧米の宗教に匹敵するものとして、伊藤が持ち出したのが皇室であった。伊藤は、皇室でなければ近代日本国家の機軸となる役割を果たさないと判断したのである。

キリスト教の場合には、欧米各国の国民の間に浸透し、教会が社会的にも重要な役割を果たしてきた。人々は教会に定期的に通い、それが救いへ結びつくと信じていた。信仰を持っていたのは、一般大衆だけではなく、王族や貴族などの権力者も共通していた。中世においては、ローマ教皇が王権の正統性を保障する王権神授説が信奉され、国家を宗教が支える体制が築かれた。

それに対して、日本の宗教の場合、神道は歴史が古く、朝廷や貴族、武家などに信仰されてきたものの、創唱者を欠くために教えがなく、近代の社会を支える精神的な支柱にはなり得なかった。仏教は宗派に分かれ、それぞれ独自の教えを説いていたものの、その核心は個人がいかに解脱《げだつ》し、成仏するかにあり、社会性を持たなかった。その点で、仏教を国家の機軸とすることは不可能だった。仏教が伝えられた初期の時代には鎮護国家の役割が期待されたが、次第に個人の救済に力点が移っていった。

それは儒教や道教についても言える。儒教の場合には、儒学とも呼ばれ、近世の社会において、幕藩体制を支える学問としての役割を果たし、武士はこぞって儒学を学んだ。その点では、中国でそうであったように、儒教には、支配層の正統性を保障する役割を果たす力を有していた。

だが、明治政府は、富国強兵・殖産興業を国是《こくぜ》とし、近代化を進める上で、儒教を封建的な古い思想としてとらえ、それを公的なものとしては受け入れなかった。前の章の冒頭でもふれたように、近代になって生まれた大学で教授される学問から儒学は排除された。

伊藤が指摘したように、日本では宗教が国家の機軸となることができなかった。そのために、長い伝統を持つ皇室が持ち出された。大日本帝国憲法には、こうした伊藤の考え方が色濃く反映されていた。あるいは、伊藤のブレーンとなった井上毅《こわし》の考え方が影響したとも言える。

天皇のあり方が、法的なものによって規定されるのは、大日本帝国憲法がはじめてのことだった。天皇は長い歴史を持ち、しかも、宗教性を具《そな》えている。だからこそ、欧米の宗教に代わる役割を期待されたとも言えるが、近代憲法の枠組みにそのまま収まりきれないものを持っていた。

## 天皇をどうとらえるか

皇位継承が連綿として受け継がれてきたことについては、万世一系と表現された。これは、慶応三（一八六七）年一〇月に、岩倉具視《いわくらともみ》が、「王政復古議」ではじめて使ったことばだった。ただし、その考え方は、国学や水戸学のなかから生まれてきたものであり、どちらにおいても、皇統が古代から継承され、王朝の交代がなかったことが、日本が他国より優れた国である証として主張された。大日本帝国憲法は、そうしたイデオロギーに基盤を持つものだが、天皇の神聖性が神との系譜上の関係にもとづいていると主張するまでには至らなかった。そうした規定を盛り込んだとしたら、近代憲法の枠からは逸脱することになったであろう。

ただ、皇祖神の天照大神は、伊勢神宮の内宮に祀られており、歴代の天皇のなかで、明治天皇がはじめて参拝して以降、代々の天皇はことあるごとに参拝することになった。

しかも、江戸城の跡地に造られた皇居には、宮中三殿《きゅうちゅうさんでん》が設けられ、その中心となる賢所《かしこどころ》にも天照大神が祀られた。宮中三殿は、天皇が京都にいた時代にはなかったものだった。こうした形で、明治になってから、天皇と皇祖神との密接な関係が強調されることとなった。

宮中三殿では、さまざまな祭祀《さいし》が営まれるようになる。そのなかには、明治になって新たに生まれたものが多く含まれていた。祭祀は大祭《たいさい》と小祭《しょうさい》に分かれ、大祭については、天皇自らが祭司をつとめた。それは、「天皇親祭《しんさい》」と呼ばれた。明治になって、天皇には、神を祀るという新たな役割が与えられたのだ。

ただ、かつての出雲国造とは異なり、天皇自身が祭祀の対象になることはなかった。宮中祭祀において、祭祀の対象となるのは、あくまで賢所の皇祖神であり、皇霊殿の代々の天皇や皇族の霊、そして神殿の天神地祇《ちぎ》であった。天皇は、戦没者を英霊として祀る靖國神社にも参拝したが、その際に神として祭祀の対象となるのはあくまで英霊の側だった。

戦前の天皇は「現人神」とされ、神として扱われていたとされる。だが、系譜の上で神につらなり、天照大神が皇祖神とされていたとはいえ、当初の段階で天皇は神を祀る側であり、神として祀られていたわけではなかった。

実際、憲法上天皇をどうとらえるかということでは、憲法学者の美濃部達吉が唱えた「天皇機関説」が有力だった。これは、統治権は法人である国家に属するもので、天皇はその国家を動かすさまざまな機関のうち最高の地位を占めているが、あくまで一つの機関であるという説であった。統治権は国家の利益のために行使されるもので、天皇の私的な利益のために用いられるものではない。その点で、天皇機関説は、天皇に神格を与え、超越的な存在と位置づけるものではなかった。

ところが、一九三一年に日本の関東軍が柳条湖《りゅうじょうこ》事件を起こし、満州事変に突入して、軍部の力が強くなっていくにつれて、天皇機関説を批判し、それを排撃しようとする「国体明徴《めいちょう》運動」が起こる。これによって、美濃部の著作は発禁となり、三五年には、「国体明徴に関する政府声明」が二度にわたって発せられた。二度目の声明では、「漫《みだ》りに外国の事例・学説を援《ひ》いて我国体《わがこくたい》に擬《ぎ》し、統治権の主体は天皇にましまさずして国家なりとし、天皇は国家の機関なりとなすが如き、所謂天皇機関説は、神聖なる我が国体に悖《もと》り、其の本義を愆《あやま》るの甚しきものにして厳《げん》に之を芟除《さんじょ》せざるべからず」とされた。天皇機関説は国体に反するものであり、それは取り除かなければならない（「芟除せざるべからず」）というのである。

この国体明徴の運動を中心となって引っ張ったのが、原理日本社を主宰した蓑田胸喜《みのだむねき》という人物だった。蓑田は、美濃部だけではなく、滝川幸辰《ゆきとき》、大内兵衛《ひょうえ》、津田左右吉《そうきち》などマルクス主義や自由主義の立場にたった学者を攻撃し、大学から追放したり、その著作を発禁にしたりすることに貢献した。その点で、戦前の行き過ぎた国家主義を体現した人物としてとらえられてきた。私が蓑田に関心を持つのは、彼が東京帝国大学で学んでいたとき、私と同じく宗教学科に在籍していたからである。

蓑田は、最初東京帝国大学法科大学に入学する。今の法学部である。だが、文科大学（文学部）の宗教学科に転科し、そこを卒業している。宗教学科に在籍したときには、日本で宗教学を開いた姉崎正治《あねさきまさはる》に師事していた。宗教学は、宗教現象について客観的、中立的な立場から研究することをその趣旨としており、蓑田のとった立場をむしろ批判するような学問のはずである。それではなぜ彼は、宗教学科に転科したのか、興味をそそられるところである。

なお、中島岳志『親鸞と日本主義』（新潮選書）によれば、蓑田は宗教学科の教授になることをめざしていたが、姉崎には好まれていなかったという。後にふれる田中智学《ちがく》の三男で、日本国体学会を創設した里見岸雄は、姉崎は蓑田の「狂的変質には手を焼いていた」と述べているという。東京帝国大学教授への道を閉ざされたことが、蓑田を執拗な学者攻撃に走らせることになったのだろうか。

蓑田は、一九三三年に刊行した『学術維新原理日本』（原理日本社）のはしがきで、「大正六年郷里五高を経て東大法学部に入りその索漠《さくばく》理論と頽廃学風《たいはいがくふう》とに堪へず文学部宗教学に転じ人生の大疑に迷へりし著者」と自らを評し、「大学院にも在籍した東大法文学部の学風よりは原理的に殆ど何物をも得るところなく、それは在学中より著者にとっては既に批判の対象であったことをここに告白する」と述べていた。

法文学部ということは、入学して満足できなかった法学部だけではなく、文学部にも失望したということになる。アカデミズム全般に対する強い批判があったのなら、彼にも反知性主義の思想的傾向が存在したことになる。

戦前の憲法では、天皇をはじめとする皇族に危害を加える行為に対しては大逆罪《たいぎゃくざい》が適用された。それに該当する事件として一九一〇年から一一年にかけて、幸徳秋水《こうとくしゅうすい》らの大逆事件が起こる。これは、明治天皇を暗殺する計画があったとするものだが、事件はでっち上げだった。この事件では一二名が死刑に処せられ、五名が獄死した。これ以降、二三年の虎ノ門事件、同年の朴烈《ぼくれつ》事件、三二年の桜田門事件と、大逆罪が適用される事件が続き、国体に危機が迫っているという認識が広まった。国体明徴運動は、そうした時代背景のもとに展開された。

## 我が国体の本義

一九三七年に文部省によって刊行されたのが『国体の本義』というパンフレットであった。その緒言においては、「即ち今日我が国民の思想の相剋、生活の動揺、文化の混乱は、我等国民がよく西洋思想の本質を徹見すると共に、真に我が国体の本義を体得することによつてのみ解決せられる」とした上で、それは、日本だけではなく、「今や個人主義の行詰りに於てその打開に苦しむ世界人類のため」に役立つともされ、「世界史的使命」であると謳われていた。

本文中においては、その冒頭で、「大日本帝国は、万世一系の天皇皇祖の神勅を奉じて永遠にこれを統治し給ふ。これ、我が万古不易の国体である」と、国体が定義され、その上で、「天皇は統治権の主体であらせられるのであつて、かの統治権の主体は国家であり、天皇はその機関に過ぎないといふ説の如きは、西洋国家学説の無批判的の踏襲といふ以外には何等の根拠はない。天皇は、外国の所謂元首・君主・主権者・統治権者たるに止まらせられる御方ではなく、現御神《あきつかみ》として肇国《ちようこく》以来の大義に随《したが》つて、この国をしろしめし給ふ」と、天皇機関説を糾弾した上で、天皇を「現御神」と規定していた。現御神は、現人神と同じ意味である。

大日本帝国憲法が発布された後、一八九〇年一〇月三〇日には、「教育勅語」が発布されている。これは、天皇自らが、国民に対して忠孝を中心とした倫理道徳を説いたものであった。勅語である以上、天皇が自ら語ったという形式をとっていたが、そのなかで、天皇を現人神とするような記述は含まれていなかった。その点で、『国体の本義』は天皇の神格化に大きく踏み込んだことになる。

『国体の本義』は、一九四三年一一月の時点で一七三万三〇〇〇部も刊行されたとされるが、これを発案したのは文部省思想局長の伊東延吉《えんきち》で、国民精神文化研究所助手の志田延《のぶ》義《よし》が起草したとされる（辻田真佐憲《まさのり》「ゼロからわかる日本スゴイ論の元祖『国体の本義』の支離滅裂っぷり「教育勅語」の次はコレか？」『現代ビジネス』二〇一七年五月一日配信）。

『国体の本義』が刊行されるにあたって、そこに影響を与えたのが、国語学・国文学の山田孝雄であった。山田は、「山田文法」という独自の文法を作り上げたことでも知られるが、「最後の国学者」とも評された。山田は、『大日本国体概論』（一九一〇年）、『国民道徳原論』（二四年）といった著作をあらわし、三三年には、文部省のパンフレットと同名の『国体の本義』を刊行していた。

『国体の本義』の第五章「国体の本質」において、山田は、「わが国家は皇室を中心として国家及び社会の成立せるものにして、皇室が国家社会の中心となりて存《そん》するものにして、ここにわが国体は、国家と皇室と国民とが一体なりといふことを見る」と述べていた。

注目されるのは、山田が、日本は「頗る同化力の旺なる民族」であると指摘している点で、坂上田村麻呂《さかのうえのたむらまろ》、児島高徳《たかのり》、大内義隆、上杉鷹山《ようざん》などをあげ、これらの人物が中国や朝鮮半島の人間の子孫であるにもかかわらず、日本国民の模範になっているとしていた。これは、第一章で、大和魂ということばが、海外から日本にやってきたスポーツ選手に使われてきたことと関連する。

山田は、日本の国体の特徴を、皇統が連綿と受け継がれてきていることに求めている。これは、第三章でも述べたように、本居宣長以来の国学の伝統的な認識である。

その上で山田は、現在の天皇は、「天照皇大神《あまてらすすめおおかみ》の生理的、精神的の延長にてあらせらるるが故に、この天皇は現に此の世に居らせらるる所の天照皇大神と申し奉るべきなり。これ現御神とも現人神とも申し奉る理由なり」と、天皇を現御神、現人神と位置づけていた。

大正時代から昭和のはじめにかけて、社会主義の運動、学生運動が盛り上がりを見せたことに危機感を抱いた軍部は文部省に圧力をかけ、諮問機関として一九三五年に教学刷新評議会を設置させた。文部省版の『国体の本義』は、この評議会の答申にもとづいて作成されたものだが、山田はこの評議会の委員だった。山田は、文部省版『国体の本義』が刊行された後に、文部省教学局が出した『国体の本義解説叢書』にも文章を寄稿していた。文部省版『国体の本義』の基盤には国学があり、国学者としての山田の影響力が発揮されたのである。

文部省版『国体の本義』が刊行されたのは一九三七年の三月三〇日のことだが、この年の七月七日、日本軍は盧溝橋《ろこうきょう》事件を起こし、日中戦争が勃発する。そして、一九四一年一二月八日、日本軍は真珠湾攻撃を行い、太平洋戦争に突入する。当時は、日中戦争を含め、「大東亜戦争」と呼ばれた。

## 国体叛逆の大罪

大東亜戦争において、日本は最初は優勢だったが、次第に劣勢に追い込まれ、それによって膨大な数の戦没者を生むこととなった。戦没者は、英霊として靖國神社に祀られることになるわけだが、そうなると、仏教の信仰との間に齟齬《そご》を来すことになる。仏教における浄土教信仰は、浄土宗や浄土真宗の信徒だけではなく、それ以外の宗派の信徒の間にも浸透していたが、そうなると戦没者の死後の魂のゆくえということがどうしても問題になってくるのだ。

そのことについて論じているのが、大谷大学の教授をつとめたこともあった山辺習学《やまべしゆうがく》であった。山辺は、一九四一年に刊行した『仏教の新体制』（第一書房）という書物において、そのことについて論じている。

浄土教においては、信仰を持つ者は極楽浄土に往くことができるが、信仰を持たない者は悪道へ落とされると考えられている。そうなると、戦没者はどうなるのか。国家のために一身を捧げ、国家の功労者として天皇の親拝を受けるわけだから、「仮令《たとえ》信仰がなくとも悪い処へ行くと云ふ訳がない」のではないかということになってくる。山辺によれば、この点について、全国でさまざまな議論が巻き起こったという。戦没者は、戦いに赴いたわけで、仏教が戒める殺生戒《せっしょうかい》を犯したことになる。

こうした議論について、山辺は、自分は浄土真宗の教えに従って、如来の本願力を信じているから、国家のために自らの命を捨てた者は、如来の計らいによって救いの手が差し伸べられると確信していると述べている。

ところが、一方では、浄土教信仰を国体に対する叛逆《ほんぎゃく》であると糾弾する声も上がっていた。それが、一九四四年に刊行された影山正治の『忠霊神葬論』（大東塾出版部）だった。影山は、戦没者の「霊を阿弥陀仏に托《たく》して西方十万億土《さいほうじゅうまんおくど》に送り、釈迦仏に附して彼岸極楽に送りやる如きことあらば、忠死の根本否定であり、忠霊の致命的冒瀆《ぼうとく》である」として、それが「国体叛逆の大罪である」と糾弾した。したがって、戦死者の葬儀は仏教式ではなく、神式で行われるべきだというのである（早川タダノリ『神国日本のトンデモ決戦生活』ちくま文庫）。

影山は、影山庄平という大正時代から昭和時代前期の国家主義者を父として一九一〇年に生まれた。國學院大學を卒業した後、三九年に父とともに大東塾という右翼の団体を結成した。正治は、三三年には当時の斎藤実《まこと》首相の暗殺を計画した神兵隊事件に参加し、四〇年には米内光政《よないみつまさ》首相の暗殺を計画した皇民《こうみん》有志決起事件にも参加、この二つの事件ではともに獄にとらわれている。ただ、後者については病で刑の執行を停止され、『忠霊神葬論』を出した四四年一一月には中国に出征している。

正治は華北で敗戦を迎えるが、日本にいた大東塾のメンバー一四人は、敗戦から一〇日が経った一九四五年八月二五日早朝に、代々木練兵場で皇居の方をむいて割腹自殺を遂げている。そのなかには、正治の父、庄平も含まれていた。庄平は辞世の句を詠んでおり、それは、「こんとんをひらきて今や大地の　始発の時と祈り行くなり」と「国うれふやたけ心のきはまりて　静かなるかも神あかるとき」というものだった。ほかに一四名共同の遺書があり、そちらには、「清く捧ぐる吾等十四の皇魂誓って無窮に皇城を守らむ」とあった。

なお、正治は、一九四一年に歌道の普及を目的として「新国学協会」を発足させており、国学の伝統の上にあることを示していた。大東塾の方は、敗戦後占領軍によって解散させられるが、新国学協会は不二歌道会として存続した。五四年には大東塾は再建され、青梅市に大東農場が開かれた。正治は、戦後右翼として活動し、七九年五月二五日には元号法制化を訴えて、散弾銃によって農場で自決している。

## 天皇の人間宣言

『国体の本義』は、国学者の山田孝雄の著作の題名であるとともに、文部省が刊行したパンフレットの題名でもあった。山田の本がどれだけの影響力を発揮したかは不明だが、文部省が『国体の本義』を作成し、それを大量に配布したことの影響は大きかった。それは、教育現場で積極的に活用されたからである。その結果、天皇を現人神としてとらえる傾向が強まった。

そして、日本は神である天皇が治める神国であることが強調されるようになっていくが、侵略戦争を正当化する役割を果たしたのが、「八紘一宇《はっこういちう》」というスローガンだった。これは、日蓮主義者で国柱会を創設した田中智学《ちがく》が作ったことばだが、日本全体に広がっていった。たとえば、一九三六年の二・二六事件における青年将校たちの「蹶起《けっき》趣意書」では、その冒頭で「謹んで惟《おもんみ》るに我が神洲たる所以は万世一系たる天皇陛下御統帥の下に挙国一体生成化育を遂げ遂に八紘一宇を完《まっと》うするの国体に存す」と述べられていた。

しかし、戦争に敗れたことで、日本が神洲、神国であるというとらえ方は通用しなくなった。神によって守られている国であるなら、危機に臨《のぞ》んでも神風が吹き、神に守られることで、最終的には戦争に勝利をおさめられるはずだからである。敗戦は、神国の根底を揺るがし、ひいては神国を率いる天皇の権威を失墜させることにもつながった。しかも、戦後の昭和天皇は戦争責任を問われることにもなっていく。

そうしたなかで、いわゆる「天皇の人間宣言」が行われることになる。

一九四六年一月一日の各新聞は、第一面に天皇の詔書《しょうしょ》を掲載した。そのなかで昭和天皇は、明治の国是である「五箇条の御誓文《ごせいもん》」を引用した上で、そこに示された精神にもとづいて戦禍によって荒廃した日本の復興をはかる必要があることを訴えていた。重要なのは、その際に天皇が、「朕ハ爾等国民ト共ニ在リ」と呼びかけたことである。前年八月一五日の終戦詔書、いわゆる玉音放送では、国民ではなく臣民《しんみん》ということばが使われていた。天皇と国民との関係は変わったのである。

その上で天皇は、「朕ト爾等《なんじら》国民トノ間ノ紐帯《ちゅうたい》ハ、終始相互ノ信頼ト敬愛トニ依リテ結バレ、単ナル神話ト伝説トニ依リテ生ゼルモノニ非ズ」と述べ、戦前の世界観、宗教観にもとづく天皇と国民との関係を否定し、「天皇ヲ以テ現御神《あきつみかみ》トシ且日本国民ヲ以テ他ノ民族ニ優越セル民族ニシテ、延《ひい》テ世界ヲ支配スベキ運命ヲ有ストノ架空ナル観念ニ基クモノニモ非ズ」と宣言した。

これによって、『国体の本義』によって強調された現御神、現人神であることが否定されたわけだが、天皇を戴《いただ》く日本が他の国に対して優れているという考え方についても「架空ナル観念」と否定された。これは、本居宣長以来の国学の考え方もまた、天皇自らによって否定されたことになる。

天皇は、『国体の本義』によって神に祀り上げられた。だが、天皇を現人神としてとらえ、それをもとに日本を神国として、世界を支配する権限があるとする主張が、国際社会において認められるはずもなかった。現人神として祀り上げられた分、敗戦後は、その地位から引きずり下ろされることとなった。『国体の本義』が刊行されていなければ、天皇の人間宣言も不要だったはずである。

戦争が続くなか、日本の戦況は悪化し続けていくが、そのなかで問題になったのが、「国体護持」ということであった。無条件降伏をしたとき、果たして、天皇を中心とした政治体制である国体は守られるのか、それが最重要の課題として浮上した。連合国の側が、天皇の戦争責任を問い、さらには天皇制の廃止を求めたとしたら、それにどう対応するのか。それは、日本社会の根幹を揺さぶることになると考えられたのである。

結局日本はポツダム宣言を受け入れ、無条件降伏することになるが、連合国の占領軍は、天皇制の廃止は求めなかった。一九四六年一一月三日に公布され、翌四七年五月三日に施行された日本国憲法は、大日本帝国憲法を改正する形をとった。重要なのは、天皇のことが、大日本帝国憲法と同様に冒頭の部分で規定されたことである。天皇は統治者ではなくなり、統帥権も奪われたが、実際に行うことは、大日本帝国憲法で規定されたことと大きくは変わらなかった。

一九四五年一二月一五日に占領軍が出した「神道指令」によって、国家神道の体制は否定され、国家と神道、国家と神社との関係は断ち切られたものの、戦没者を神として祀る靖國神社は民間の一宗教法人として存続を許された。昭和天皇も、七五年まで靖國神社に参拝を続けた。

日本の社会から軍隊が消滅し、軍部というものの力が発揮されなくなったことは決定的な変化を生んだ。不敬罪や治安維持法は廃止され、日本社会の民主化は進んだ。基本的人権が確立され、言論の自由や信教の自由が保障された。

政治学者の丸山眞男が書いた「超国家主義の論理と心理」という論文は、天皇制のもとでの日本の権力構造を分析したものとして注目され、高く評価されたが、丸山は論文を次のように締めくくっていた。

日本軍国主義に終止符が打たれた八・一五の日はまた同時に、超国家主義の全体系の基盤たる国体がその絶対性を喪失し今や始めて自由なる主体となった日本国民にその運命を委ねた日でもあったのである。（『超国家主義の論理と心理』岩波文庫）

今、この箇所を読んでみると、丸山の見通しは楽観的すぎたようにも思われる。軍国主義は消滅したかもしれないが、国体は必ずしも完全に過去のものとなってしまったわけではないからである。

## 日本人の神観念

丸山とは反対に、国体が絶対性を失うことに危機感を抱いたのが、民俗学の柳田國男であった。柳田は第七章でも見たように、国学の伝統につらなる人物であり、父親から仏教嫌いの精神を受け継いでいた。その柳田が、日本の敗戦直後の一九四六年四月に刊行した書物が、『先祖の話』（筑摩書房）であった。

柳田は、『先祖の話』のなかで、この本が、「連日の（空襲）警報の下において」「始めから戦後の読者を予期し、平和になってからの利用を心掛けて」執筆されたものだと述べていた。柳田はここで、あたかも自らが予言者であるかのような言い方をしている。

柳田は、昭和二〇年一〇月二二日という日付の入ったこの本の「自序」において、この年の「四月上旬に筆を起こし、五月の終わりまでにこれだけのものを書いてみた」と述べている。これが正しいなら、四〇〇字づめの原稿用紙にして三六〇枚にもなる大量の原稿を、わずか五〇日ほどで書き終えたことになる。

しかし、私たちはこの「自序」の一文を、そのまま事実として受け取ることはできない。というのも、柳田が一九四四年の元旦から四五年の大晦日まで書きついだ日記、『炭焼日記』の四五年三月一〇日のくだりには、「勿論きょうは一人も来ず、『先祖の話』を書いてくらす」という記載があるからである。彼がここで、「勿論」ということばを使っているのは、この三月一〇日が「東京大空襲」の日だったからである。

日記の文章からだけでは、柳田が『先祖の話』をいつから書き始めたのかは分からない。ただ、三月一〇日以前から執筆が始まっていたことは間違いない。となると、四月上旬に筆を起こしたという「自序」の記述が正しいとは言えなくなってくる。柳田は、『先祖の話』に対する意気込みを強調しようとするあまり、意図的なことではなかったかもしれないが、執筆期間をごまかしている。

柳田は、『先祖の話』の冒頭において、先祖ということばを、まず文字によって知った者たちが、単純に系譜上の筆頭に位置する一人だけを先祖と考えるのに対して、一般の日本人は昔から「先祖は祭るべきもの、そうして自分たちの家で祭るのでなければ、どこにも他では祭る者のない人の霊」として考えてきたと述べ、日本人の魂の死後のゆくえについて説明していく。

柳田は、霊的な存在としての先祖に注目し、分家をして新しく一家を構えた庶民に「御先祖になる」ことを目標とする意識が働いているとする。先祖は、家を統合する象徴的な存在である。日本において家や一門の結びつきが強固なのは、子孫が共通の先祖を祀り、自らも死後においてはその子孫から祀られることを願うからだというのだ。かつて柳田は、そうした願いを「家永続の願い（一九三一年刊行の『明治大正史 世相篇』にある表現）」と呼んだこともあった。

先祖を祀るための行事として、柳田は正月と盆とをあげる。盆が先祖を祀るための行事であることは常識だが、柳田は正月と盆の行事の共通性を指摘し、正月に各家を訪れる年《とし》神《がみ》が実は先祖であるという説を展開していく。正月と盆は、それぞれ年神棚と盆棚を臨時に設け、それによって先祖の霊、祖霊を祀る行事だというのだ。

さらに柳田は、こうした祖霊観念を稲作農耕における神観念と結びつけていく。柳田は、日本全国に、春には「山の神」が里に下って「田の神」となり、秋に収穫が終わると田の神は山に帰って山の神になるという言い伝えがあることを根拠に、田の神と山の神とが等しいものであると解釈する。さらにその上で、そうした神を祖霊と結びつけていく。

要するに柳田は、『先祖の話』において、全国各地のさまざまな行事を比較研究することによって、日本人の神観念を体系化していこうとしたのである。

死者は、子孫によって祀られることによって祖霊へと昇華していくが、祖霊は仏教が説く西方浄土のような遠いところに行ってしまうことはない。冬の間は山の神として子孫たちが住む村里をのぞむ山の上にいて、その生活を見守っている。そして、春がやってくると田の神となって里に下り、農作業の無事を守護する。その上で柳田は、村全体で祀る氏神も、この祖霊であると考えた。さまざまな形をとって現れる神を、すべて祖霊としてとらえたところに柳田の神観念の特徴があった。

ただ、そこには一つ問題があった。もしも、柳田の説明する祖霊観が仏教の影響によって成立したものであるとするなら、必ずしもそれを日本に固有な観念、固有信仰とはいえなくなってしまうのである。

柳田自身、自らの試みがいかに困難で無理な作業であるかを認識していた。たとえば、仏教者が盆を孟蘭盆会《うらぼんえ》から生まれたと説いていることに対して、その説は「有名また平凡というばかりで、ちっともまだ証明せられてはいないのである」と述べている。これは言いがかりにも聞こえる。こうした言い方からは、日本人の信仰世界が明らかに中国の、とくに中国仏教の影響を受けていることへの苛立ちが感じられる。

実際、盆の行事が日本の固有信仰であることを証明しようとする柳田の試みには、相当な無理があった。柳田は、盆の起源を墓前に食物を供する「ホカイ」の行事に求める。そのホカイを「瓫」と表記したために、「ボン」と読まれるようになったというのだ。しかし、柳田自身も、瓫をホカイと訓《よ》ました例はまだ見つかっていないとし、自説の弱点を素直に認めている。

そこで柳田は、根拠薄弱な自説を補強するために、ホトケの語源説を展開していく。「死者を無差別に皆ホトケというようになったのは、本来はホトキという器物に食饌《しょくせん》を入れて祭る霊ということで、すなわち中世民間の盆の行事から始まったのではないか」と主張するのである。そして、『蝸牛考《かぎゅうこう》』といった柳田独自の方言研究で有名になった「周圏《しゅうけん》説《せつ》」にもとづいて議論を展開する。

周圏説とは、日本の中央で始まった習俗が時代とともに周辺部へと伝えられ、その一方で中央では消滅していくという説であった。ホトケについても、日本の西南や東北の両端で、ホトケを如来の意味にだけ用いる人間が多いとし、南の屋久島では卒塔婆《そとば》のことをホトケと呼んでいることを指摘する。死者ではなく、祭具こそがホトケであり、そのホトケに食物を供する器がホトキだったというのである。

柳田はここでも、「それを悉皆成仏《しつかいじようぶつ》だから、仏というのだと説明することこそ、自ら欺いている。もしそれならば毎年施餓鬼《せがき》を営み、浄土へ送り込もうと努める必要がどこにあろうか」と、強い調子で仏教側のホトケに対する説明の矛盾をつき、仏教に対する嫌悪感を隠さない。連日の空襲警報が、彼を余計に苛立たせていたのではないかと思わせるような書きぶりである。

死者をホトケと呼ぶ習俗がいかにして生まれてきたのか、文書によってはっきりと跡づけられるわけではない。その点では、柳田の説も一つの可能性として残されている。だが、仏教の影響をことさら排除して論証しようとする方法にはやはり無理があった。

## 子孫を見守る祖霊

宣長まで遡ってみるならば、彼は、死者は黄泉の国に赴くと考えていた。彼が研究し、注釈を施した古事記には、そのように書かれているからである。古事記にはほかに、死者の赴く世界についての記述はない。宣長は、黄泉の国について、「唯死人の往きて住国《じゆうこく》と意得《こころう》べし」（『古事記伝二』岩波文庫）ととらえていたが、『玉くしげ』では、「死すれば妻子《さいし》眷属《けんぞく》朋友《ほうゆう》家財《かざい》万事《ばんじ》をもふりすて馴れたる此世を永く別れ去りて、ふたたび還来《かえりきた》ることあたわず。かならずかの穢《きたな》き予美国《よみのくに》に往くことなれば、世の中に、死ぬるほどかなしき事はなきものなる」と述べていた。宣長は、黄泉の国を穢い場所ととらえ、そこへ赴くことを悲しんでいた。古事記にそのように記されている以上、それを受け入れるしかないというのだ。

これに対して、宣長の没後の門人となった篤胤《あつたね》は、宣長の死後の魂が黄泉の国へ赴くことを否定した。篤胤は、宣長の魂は、その遺体が葬られた山室山《やまむろやま》に鎮《しず》まっているとした。山室山が墓所となったのは、宣長自身が遺言書でその場所を指定したからである。この遺言書のことは、小林秀雄が『本居宣長』（新潮社）の冒頭で紹介したことで改めて広く知られるようになった。宣長は、遺体が埋められる塚の前に石碑を建て、石碑には「本居宣長之奥墓《おくつき》」と記し、塚の後に山桜の樹を植えるように指示した。これは、最近流行している樹木葬の先駆となるような墓で、指示どおりのものが建てられた。

篤胤は、日本書紀にある国譲りの話をもとに、目に見える世界である「顕界《げんかい》」と、目に見えない世界である「幽冥界《ゆうめいかい》」とを区別し、顕界は天皇が支配し、幽冥界は大国主神《おおくにぬしのかみ》が支配するととらえた。人が死ねば幽冥界に赴くが、そこは顕界と同じ空間にあり、他界ではない。幽冥界からは顕界が見え、亡くなった人の魂は子孫のことを見守っている。そうした考え方にもとづいて、篤胤は、宣長の魂は山室山の墓所にいると説いたのである。

柳田は、この篤胤の説をほぼそのまま取り入れ、それを『先祖の話』のなかで展開したことになる。ただ柳田は、そこに先祖が祖霊として祀られ、冬の間は山にいて山の神となり、稲作りがはじまると、里に下りて田の神になるという側面を付け加えた。篤胤は武士の出身だったが、柳田は農商務省の官僚として、そして後には民俗学者として全国の農村を廻っており、農村の事情に詳しかった。柳田は、篤胤の祖霊観を農民の生活感覚に即したものに改めたのだ。

地方の農家には仏間があり、そこには大きな仏壇が安置され、隠居した年寄りが、そこで先祖の供養を行っていた。やがては、その年寄りも、亡くなれば先祖となり供養の対象となる。死者が祖霊になるまでには、一定の期間が必要とされた。その点について柳田は、『先祖の話』のなかで、「人がなくなって通例は三十三年、稀には四十九年五十年の忌辰《きしん》に、とぶらい上げまたは問いきりと称して最終の法事を営む。その日をもって人は先祖になるというのである」と述べていた。

柳田は、父親譲りの仏教嫌いだったわけだが、ここでは、仏教の供養のやり方を前提に祖霊になっていく過程を説明している。その点では、柳田の議論は、神道の信仰と仏教の信仰を統合する役割を果たすものだったとも言える。もしも柳田が、仏教の信仰にもとづく供養を全面的に否定してしまっていたとしたら、その祖霊観が広く受け入れられることはなかったであろう。多くの日本人は、柳田のような仏教嫌いではなかったからである。

柳田は、戦後の読者を意識して『先祖の話』を書いたと主張していたわけだが、戦後の日本社会の変化は、柳田の想像以上に大きなものだった。とくに一九五〇年代半ばからはじまる高度経済成長は日本社会を大きく変えた。都市化が進み、都市において新たに勃興した産業に労働力を提供したのは地方の農村だった。それによって大規模な人口移動が起こり、農村は過疎化に見舞われる。それは農村の生活を大きく変化させていくことになるのだが、それでも柳田の説いた祖霊観が簡単に過去のものとされたわけではなかった。

そこには、墓のことがかかわっていた。人の葬り方について戦後大きく変わったのは、火葬が大勢を占めるようになったことである。火葬率は、日本が敗戦を迎えたころには半数をわずかに超える程度だったが、その後進み、現在では九九・九九パーセントにまで達している。土葬の場合、遺体を埋めた場所の上に石碑を建てるわけにはいかないこともあり、庶民の家では墓を建てないことが一般的だった。

ところが、火葬した場合には、後に必ず遺骨が残る。それは、自然葬（散骨）が認められるようになるまで、墓に埋葬するしかなかった。したがって、戦後には、都市でも地方でも霊園や墓地に墓を建てる家が増えた。その結果、死者の魂は墓にとどまっているという感覚が強まった。墓参りの慣習も生まれ、先祖は墓で子孫の生活を見守っていると受け取られるようになった。それは、柳田の祖霊観と合致するものだった。

また、高度経済成長によって豊かさが実現されるようになると、現世の暮らしは過酷なものではなくなり、死後に極楽浄土に生まれ変わりたいという思いは薄れていく。そうなると、浄土教信仰は魅力を失ってしまう。国学の伝統のなかで説かれた、死後の魂は西方極楽浄土のような遠いところではなく、遺族の身近にいて、その生活を見守ってくれているという祖霊観の方がよりしっくりするようになったのである。

近年では、墓守がいなくなった結果、墓を建てるのではなく、あるいは墓を守り続けていくのではなく、ロッカー形式の納骨堂を選択するケースが増えている。戦後の都市における墓は、マイカーなどの交通機関の発達で、安価な郊外に求められることが多かったが、納骨堂は、それを契約した家族が生活する場の近くに設けられることがほとんどである。

仕事の帰りに納骨堂に立ち寄ることも可能で、その分、死者との距離が縮まったと感じている人たちもいる。死者の霊が、残された家族の生活を見守ってくれているという感覚は、それによってかえって強まっているのかもしれないのである。

# 第九章　首だけの三島由紀夫

## 三島の首の写真

一九七〇年一一月二五日の午後のことである。水曜日だった。私は高校の二年生で、技術家庭の授業を受けていた。その日の授業は木工で、椅子を作っていたのではないかと思う。

授業の途中、同じクラスの人間が、作業の合間に教員室にでも行ってきたのか、技術家庭の教室に入ってきて、「三島由紀夫が自衛隊に乱入して、自殺したぞ」というニュースをもたらした。

一九七〇年といえば、大阪で万国博覧会が開かれた年だが、日米安全保障条約の改定の年でもあり、六〇年代後半からの政治の季節が続いていた。赤軍派によるよど号ハイジャック事件が起こったのもこの年のことだった。

そのニュースを聞いて、高校生の私は三島はバカなことをしでかしたものだと思った。なぜ自衛隊に乱入して、自殺しなければならないのか、その理由がまったく分からなかったからである。

そんな感想を抱いたくらいだから、私は事件にさほど関心を持たなかった。社会や政治のことには、当時の高校生が全般にそうだったように、それ相当の関心を持っていたが、楯《たて》の会を結成して軍隊のまねごとをしている作家には、格別引かれることはなかった。

そんなこともあり、『朝日新聞』の夕刊に、切断された三島の首の写真が掲載されたことも知らなかった。我が家ではその時代、『朝日新聞』をとっていなかった。今のようなSNSが盛んな時代なら、その写真はすぐに拡散され、皆の目にふれただろうが、当時はそんなメディアは存在しなかった。写真が掲載されたのは夕刊の早版のみで、途中で三島が市ヶ谷駐屯地のバルコニーで演説している写真と入れ換えられたという。私が首の写真を見たのは、かなり後になってからだった。

その日、三島は、楯の会の隊員四人とともに、制服姿で陸上自衛隊市ヶ谷駐屯地の益田《ました》兼利《かねとし》総監を訪問した。三島は、一九六七年に自衛隊に体験入隊を行い、楯の会のメンバーも同様の体験をしていた。

総監が三島と話をしている間に、楯の会のメンバーが手ぬぐいで総監の口をふさぎ、ロープで椅子に縛りつけた。その上で、駐屯地の自衛隊員を本館前に集めるよう要求した。三島は、ともに自決することになる隊員の森田必勝《まさかつ》とともにバルコニーにあらわれ、憲法改正をめざして自衛隊が立ち上がるよう檄《げき》を飛ばした。

しかし、自衛隊員の反応は冷ややかで、演説する三島に対して盛んに野次を飛ばした。

三島は、「諸君の中に、一人でも俺と一緒に立つ奴はいないか」と訴えたものの、野次は収まらなかった。三島は、「それでも武士かァ！　まだ諸君は憲法改正のために立ち上がらないと、見極めがついた。これで、俺の自衛隊に対する夢はなくなったんだ。それではここで、俺は天皇陛下万歳を叫ぶ」と言って万歳三唱し、演説を切り上げてバルコニーから姿を消した。

総監室に戻った三島は、総監の前で割腹《かっぷく》自殺をはかり、森田が介錯《かいしゃく》した。ただ、森田は三島の首を切り落とすまでにはいたらず、もう一人のメンバーが切断した。森田も切腹し、介錯によってその首は胴体から切り離された。そのときの写真が『朝日新聞』早版に掲載されたのである。

三島がなぜこのような行為に及んだのか。それについては、さまざまに分析がなされてきた。三島の行動に共感する人間もいれば、愚行だとして、その価値を否定する人間もいる。

## 玩具の兵隊さん

三島は、『仮面の告白』などの作品が示しているように同性愛の傾向があり、自衛隊への体験入隊を通して、隊員たちの姿に男らしさを感じていた。その点については、自ら、「自衛隊を体験―四六日間のひそかな〝入隊〟」（『サンデー毎日』、一九六七年六月一一日号）という文章につづっている。

そんな三島に衝撃を与えたのは、一九六四年の東京オリンピックのマラソンで銅メダルを獲得した円谷《つぶらや》幸吉《こうきち》の死だった。円谷は、自衛隊体育学校に所属する三等陸尉だった。三島は、『産経新聞』の一九六八年一月一三日付夕刊に「円谷二尉《にい》の自刃」という文章を寄稿し、円谷の死は、「傷つきやすい、雄々しい、美しい自尊心による自殺」であると書いていた。円谷は亡くなったことで二尉に昇進した。

三島は、円谷の自尊心の根拠が肉体にあったとし、「自尊心と肉体は、もっとも幸福な瞬間には、手を携えて勝利の壇上に昇ったが、もっとも不幸な瞬間にはお互いが仇敵に」なったのだと分析している。その上で、「自尊心を生かすためには、崩壊に赴《おもむ》こうとする肉体を殺すほかはない。しかし、自決に際して、その自尊心からむりやり肉体を引き剝がすには、自尊心自体に別な根拠を与えてやる必要があった」とし、その根拠とは責任感であり、名誉を重んじる軍人の自尊心なのだと述べていた。三島は、円谷の自殺を、軍人としての自決であると断言した。

円谷の残した遺書はよく知られている。それは、「父上様、母上様、三日とろろ美味しゅうございました」ではじまり、家族や親族からもらった食べ物に対する感謝をくり返すものである。最後は、「父上様、母上様。幸吉は、もうすっかり疲れ切ってしまって走れません。何卒お許し下さい。気が休まる事なく御苦労、御心配をお掛け致し申し訳ありません。幸吉は父母上様の側で暮しとうございました」と結ばれていた。

この遺書から軍人らしさを感じるのは難しい。だが三島は、かなり無理な理屈をつけてまで、円谷の死を軍人の死としてとらえようとした。三島の理想化した軍人は、日本文化の全体性を体現する天皇を中心とした日本の国家を防衛することを大義として掲げ、その大義のためには自らの命をも犠牲に供する覚悟を持たなければならなかった。だが、現実の自衛隊員は、円谷を含め、日々厳しい訓練にいそしんではいても、そうした大義を感じてはいなかった。三島も、体験入隊について書いた文章のなかで、自衛隊員のそうした側面にはふれていない。

だからこそ三島は、自らの手で理想の軍隊を作ろうとしたのであろう。三島は、円谷が自殺した翌々月の一九六八年三月、民族派の学生三十数名とともに自衛隊に集団で体験入隊する。三島は、その前の年から、自衛隊を補完する民兵組織として祖国防衛隊を結成することを考え、財界にも働きかけていた。けれども、いくら三島が高名な作家ではあっても、その計画に賛同する財界人は現れなかった。

集団での体験入隊の前、その参加者は「我々ハ皇国ノ礎ニナランコトヲココニ誓フ」という血判状まで書き上げていた。ところが、普通の生活を送ってきた学生たちの体力や気力は不足しており、体験入隊は満足したものにはならなかった。それでも三島は、フランスのドゴールの軍服を縫ったとされる五十嵐九十九《いがらしつくも》に制服を注文し、四月二九日の天皇誕生日（現在の昭和の日）に、友人である評論家の村松剛《たけし》一人だけを招いて、制服を披露している。八月にも体験入隊が行われ、集団の正式な名称も楯の会と決まった。三島は、「『楯の会』のこと」という文章において、「私の民兵の構想は、話をする人毎に嗤《わら》はれた。日本ではそんなものはできつこないといふのである。そこで私は自分一人で作つてみせると広言した。それが『楯の会』の起りである」と述べている。

ただ、三島は同じ文章のなかで、楯の会は表だった活動はいっさいせず、「最後のギリギリの戦ゐ以外の何ものにも参加しない」と言い切り、同時に、「それは、武器なき、鍛ゑ上げられた筋肉を持つた、世界最小の、怠け者の、精神的な軍隊である。人々はわれわれを『玩具《おもちや》の兵隊さん』と呼んで嗤つてゐる」と書いていた。

この文章からは、三島の真意ははかりがたい。真剣なようでいて、一方で自分たちのことを茶化してもいるからである。それでも三島は、一九六九年夏の体験入隊において富士の裾野で戦闘訓練を行ったときの夜の出来事を文学的に描写してもいる。京都から来た学生が横笛を取り出し、美しい哀切な古曲を吹き出す。それは、「露のしとどに降りた秋の野を思わせる音楽」であり、「この笛の音を、ことばを奪われてききながら、今日のあたりに、戦後の日本が一度も実現しなかつたもの、すなわち優雅と武士の伝統の幸福な一致が、(わずかな時間であつたが)、完全に成就されたものを感じた。それこそ私が永年心に求めてきたものだつた」とつづっている。

三島は、「最後のギリギリの戦い」と述べていたが、そこには当時の時代背景がかかわっていた。三島のもとに民族派の学生たちが集まってきたのも、一九六〇年代の後半に左翼、新左翼の学生運動が盛り上がりを見せ、社会的な混乱が生まれていたからである。そうした状況に対して、三島や楯の会のメンバーは危機感をつのらせていた。

しかし、一九六九年一月に、東大の安田講堂に立て籠《こ》もった全共闘の学生たちが警察によって排除されたことは、運動の大きな転機となった。学生運動はしだいに一時の勢いを失っていくのである。三島は、その年の五月に東大全共闘の討論集会に招かれ、一人でその場に乗り込んでいくが、両者は決定的な対立に至ることもなかった。三島は、一〇月二一日の国際反戦デーに騒乱状態が生まれ、自衛隊が治安出動することを望んでいた。治安出動では武器の使用も可能になる。その点で、自衛隊の治安出動は戦前の戒厳令に近い。戒厳令は三度宣告されており、そのなかには、二・二六事件も含まれていた。三島は、二・二六事件のような状況が生まれたときに、楯の会が自衛隊を巻き込んで憲法改正のために行動しようと目論んだ。しかし、そうした事態には至らなかった。むしろ、国際反戦デーが大きな出来事に発展しなかったことで、今後も自衛隊の治安出動など起こり得ないということをかえって印象づける結果となった。

つまり、三島の考える「最後のギリギリの戦い」など永遠に訪れない状況に立ち至ったのである。それは楯の会の存在意義を失わせることになる。そこで、三島と森田が、自衛隊に決起を訴え、二人で死ぬという計画が浮上した。それが実行に移されたのである。

## 自衛隊員の魂

三島が、市ヶ谷駐屯地のバルコニーで演説をしている間に、楯の会のメンバーは、「檄」と題された文書を撒《ま》いている。檄は原稿用紙九枚ほどの量になるが、そのなかで三島は、魂ということばを九回使っている。「武士の魂」が三箇所登場し、「日本人の魂」も一箇所で使われている。いずれも、魂は腐ってきた、あるいは死んでいるという形で言及されている。

二段目の段落の最初の部分では、「われわれは戦後の日本が、経済的繁栄にうつつを抜かし、国の大本《おおもと》を忘れ、国民精神を失ひ、本を正さずして末に走り、その場しのぎと偽善に陥《おちい》り、自ら魂の空白状態へ落ち込んでゆくのを見た」と述べられ、自衛隊にだけ武士の魂が残されているのを夢見たとされている。そして、自衛隊が憲法上違憲とされていることにふれ、「国の根本問題である防衛が、御都合主義の法的解釈によつてごまかされ、軍の名を用ひない軍として、日本人の魂の腐敗、道義の頽廃《たいはい》の根本原因をなして来てゐるのを見た」と述べられている。

そして、「もし自衛隊に武士の魂が残つてゐるならば、どうしてこの事態を黙視しえよう」とした上で、「この上、政治家のうれしがらせに乗り、より深い自己欺瞞と自己冒瀆の道を歩まうとする自衛隊は魂が腐つたのか。武士の魂はどこへ行つたのだ。魂の死んだ巨大な武器庫になつて、どこへ行かうとするのか」と自衛隊の現状に疑問を投げかけている。

最後の段落では、「日本を日本の真姿に戻して、そこで死ぬのだ。生命尊重のみで、魂は死んでもよいのか」と訴えかけ、「憲法に体をぶつけて死ぬ奴はゐないのか。もしゐれば、今からでも共に起ち、共に死なう。われわれは至純の魂を持つ諸君が、一個の男子、真の武士として蘇へることを熱望するあまり、この挙に出たのである」と、決起の理由を述べて締めくくられていた。

三島は、自らの自衛隊への体験入隊を通して、自衛隊員には武士の魂が今でも宿っていると感じた。その上で彼は、自衛隊員の魂に訴えかけようとした。だが、自衛隊員の魂は、三島のことばに共感しなかった。彼らは、激しい野次を飛ばし、三島の行動をかえって愚挙として否定してしまったのである。

三島は、自決するにあたって辞世の句を作っていた。それは次の二首だった。

益荒男《ますらお》がたばさむ太刀の鞘鳴《さやな》りに　幾とせ耐へて今日の初霜

散るをいとふ世にも人にもさきがけて　散るこそ花と吹く小夜嵐《さよあらし》

森田必勝の辞世の句は、次のものである。

今日にかけてかねて誓ひしわが胸の　思ひを知るは野分《のわき》のみかは

三島の歌にある花は散るものとされ、明らかに桜をさしている。その点では、本居宣長の歌を思わせる。ただし、吉田松陰のように、三島は大和魂については詠わなかった。そもそも三島は、膨大な著作のなかで、松陰には言及していない。宣長や国学について論じた評論もない。三島は、旧仮名遣い・旧漢字で小説を書き、一九六八年に『中央公論』に発表した「文化防衛論」では、日本文化を守ることの重要性を説き、究極の価値自体である文化概念としての天皇を根源的なものとしてとらえた。だがそこに国学の影響は見られない。だからこそ、檄のなかに大和魂ということばは登場しないのかもしれない。三島は、自衛隊員の魂を武士の魂としてとらえてはいたものの、自らの魂や楯の会の会員の魂については まったく言及していない。

しかし、切腹という手段は、武士道に通じる。切腹は、自決の手段として武士の世が訪れた平安時代終わりから用いられるようになる。江戸時代には、武士に対する刑罰として切腹が科せられるようになり、斬首《ざんしゅ》よりも名誉なことと考えられた。命を捨てるということでは、急所のない腹を切ることは合理的ではない。それでも切腹が用いられたのは、腹には魂が宿っていると考えられており、切腹する人間の勇気と潔白さを示すためだったとされる。絶命に至るには介錯が不可欠だった。

三島は、そうした武士の伝統に則《のっと》って、割腹自殺という手段に訴えかけたわけだが、自らの魂魄《こんぱく》がこの世に残り、思いを遂げるといった決意は表明しなかった。辞世の句が示しているのは、あくまで潔く死ぬことの重要性だった。檄のなかでは、「日本の軍隊の建軍の本義とは『天皇を中心とする日本の歴史・文化・伝統を守る』ことにしか存在しないのである」と述べられてはいたが、天皇のために死ぬとまでは言っていない。果たして三島のなかで、天皇はそれほど重要な存在だったのだろうか。そうした疑問も湧いてくる。

## 肉体の鍛錬

事件から一四年が経った一九八四年、写真週刊誌『フライデー』の創刊号には、三島の首の写真が再掲された。目をつぶったその顔は居眠りをしているようにも見える。三島は、一九五五年からボディビルを始め、楯の会の軍服が似合うようなからだを作り上げていた。

そのからだを失ってしまったがゆえに、首だけの写真は、起こした事件を連想させない穏やかなものになっていた。

三島は、ボディビルを始めた動機について、『漫画読売』一九五六年九月二〇日号に掲載された「ボディビル哲学」という文章で、「もともと肉体的劣等感を払拭するためにはじめた運動であるが、薄紙を剝ぐやうにこの劣等感は治つて、今では全快に近い」と述べ、自らの肉体に対して劣等感を抱いていたことを素直に認めている。

三島は、ボディビルを続けるかたわら、さらにはボクシングを始め、二年後にはボクシングをやめて剣道を始めている。肉体の鍛錬を続けたのである。

しかし、三島に運動神経がなかったことは、周囲の人間が一様に指摘している。たとえば、文芸評論家の奥野健男《たけお》は、『三島由紀夫伝説』（新潮社）のなかで、「スポーツ、これほど三島由紀夫に苦手なものはない。読者は三島が球技をした、球技について書いた文章を知っているだろうか。ほとんど皆無である」と述べている。作家の石原慎太郎も、『三島由紀夫の日蝕』（新潮社）のなかで、いかに三島に運動神経がなかったかを語っている。

三島が裸になって鍛え上げた肉体を誇示するような写真はいくつも残されている。だが、筋肉をつけることはできても、運動神経を身につけることはできなかった。三島自身は、ボディビルを通して肉体的な劣等感を克服したと書いているが、他人はそのようには評価しなかった。三島が居合いをしているところを撮影した動画が残されているが、私はあまりのつたなさに笑ってしまった。三島の文学、そして、三島の肉体ということを考えてみると、どこか空虚さを感じる。

三島は若くして小説家として成功をおさめ、世間の脚光を浴びた。時代の寵児となり、その行動はさまざまな形で注目された。ただ、三島の書いた小説に一貫したモチーフ、主題があったのかというと、それを見出すことは難しい。

三島の名を世間に轟かせた『仮面の告白』は、性的倒錯の問題を扱った自伝的な小説であり、三島にはこれを書く必然性があった。だが、三島はそうしたテーマを追い続けたというわけではない。逆に、取材して書いた作品が多い。『金閣寺』などはその代表であり、主人公と作者の間には相当の距離がある。それでも、この作品が高く評価されてきたのは、三島には華麗な文章力があり、それが『金閣寺』で遺憾なく発揮されているからである。

一九六八年に『週刊プレイボーイ』に連載され、その年に集英社から単行本が刊行された『命売ります』が没後四五年の二〇一五年になって突然、ちくま文庫版が売れるという現象が起こった。たしかにそれは、面白い作品ではあるが、果たしてこれを「三島文学」

としてとらえてよいかは、かなり怪しい。風刺の利いたエンターテインメントで、作者を知らないまま読んだ読者がいたとしたら、三島が書いたとは思わないだろう。三島は職業作家であり、常に小説になる素材を求めていた。必ずしも文学性を追求し続けたわけではないのだ。

三島は劇作家、演出家でもあり、歌舞伎作品も書いている。力を入れて書かれたのは、「椿説弓張月《ちんせつゆみはりづき》」だが、今も残り、上演回数が多いのは、どたばた喜劇である「鰯売恋曳網《いわしうりこいのひきあみ》」の方である。これも知らなければ、観客は三島作品とは思わないだろう。

それでも、三島が切腹し、果てたという事実は衝撃を与え、それは今も消えてはいない。志のために命を捨てるという行動は、そこまでの行動をとれなかった左翼陣営に、一種の敗北感をもたらした。三島の死の二年後、日本赤軍はテルアビブ空港乱射事件を起こし、それを実行した三名のメンバーのうち二名が亡くなり、そのうち一名は手榴弾で自爆した。それをもって、その後続発する自爆テロの先駆けとも言われるが、彼らは最初から自爆を計画していたわけではない。

三島が自決を遂げず、その後も生き続けていたら、この本が刊行される時点で九五歳になっていたはずである。長寿社会になった現在から考えれば、今も三島が生きていて不思議ではない。三島が亡くなったのは四五歳のときだった。四五歳と九五歳とでは受ける印象がまったく違う。若くして亡くなったアイドルがそうであるように、写真に写った三島には、老いの影はまったく見られない。

三島は、四五歳で自決することによって、「永遠の生命」を獲得したとも言える。そして、命日には毎年「憂国忌《ゆうこくき》」が開かれている。作品も、没後五〇年に達しようとしているのに、引き続き読まれている。それは、同時代の他の作家に比較してみれば、驚異的なことである。

では、三島の遺志は現在にまで受け継がれているのだろうか。その点については判断が難しい。そもそも、自決することによって三島がどういったことを実現しようとしたのか、それが必ずしも明確ではないからである。

三島の辞世の句にあるように、潔く死ぬということだけが目的になっていたようにも思える。それは、新渡戸稲造が『武士道』において説いた武士の理想の死に方である。新渡戸は、武士道は過去のものだと考えていたが、三島はそれを『武士道』が刊行されてから七〇年後に甦らせたのである。

## 中身を欠いていた思想と行動

しかし、三島の抱いた危機感というものは、彼を切腹という行為に追い込んだわけだが、当時の時代状況を考えても、的外れな部分があったように思われる。七〇年安保は、六〇年安保ほどには盛り上がらなかった。学生運動も、安田講堂陥落《かんらく》によって力を失っていた。自衛隊の存在を憲法によって認めるため、憲法改正の必要があるという主張はあったものの、それに賛同する人々でも、自衛隊が戦前の日本軍のようになることは望んでいなかった。そもそも自衛隊員自身が、そんな願望を抱いてはいなかった。

三島を有名小説家にしたのは、戦後の日本社会である。だが三島は、豊かさを増し、近代化の道をひたすら歩んでいく日本の社会に対して、否定的な考え方を強く持っていた。事件を起こす少し前に『サンケイ新聞』夕刊（一九七〇年七月七日付）に寄稿した「果たし得てゐない約束―私の中の25年」という記事で、三島は次のように述べていた。

私はこれからの日本に大して希望をつなぐことができない。このまま行つたら「日本」はなくなつてしまふのではないかといふ感を日ましに深くする。日本はなくなつて、その代はりに、無機的な、からつぽな、ニュートラルな、中間色の、富裕な、抜目がない、或る経済的大国が極東の一角に残るのであらう。それでもいいと思つてゐる人たちと、私は口をきく気にもなれなくなつてゐるのである。

この文章は、なぜ三島が行動を起こしたのか、その理由を示しているようにも見える。伝統的な日本が消えてしまう。そこに危機感を抱き、そのことを訴えるために、武士の伝統的な作法である切腹という手段をとったということになる。

しかし三島は、なぜ日本社会が無機的でからっぽになってしまったのか、その原因についてはつかみきれてはいないようにも見える。「祖国防衛論」では、文化概念としての天皇の確立を訴えてはいたが、それを阻《はば》んでいるものの正体を見極めていたようには思えない。三島は、自らが対峙するもの、対決すべき対象を見出していなかった。国学の場合は、漢意《からごころ》、あるいは儒意《じゆごころ》というものを問題にし、日本人のもともとの精神に立ち帰るには、それを捨て去る必要があると説いた。国学や水戸学の影響を受けた吉田松陰は、黒船という形で出現したアメリカ、さらには欧米の進出を脅威としてとらえ、攘夷を主張した。明治の終わりになって大和魂が叫ばれたのも、日本が対外戦争に打って出たからである。三島には、日本の外にあって、日本社会、日本文化に脅威を与える勢力、存在に対する危機意識は欠けていた。

楯の会に民族派の学生たちが集まってきたことからすれば、その当時台頭した左翼、新左翼の運動と、三島は対峙したようにも見える。実際、東大全共闘の学生たちとは対決した。だが、彼が問題にしたのは、自衛隊が違憲とされている状況であり、全面的に左翼の勢力と対決したわけではない。天皇のことに言及し、天皇こそが日本の文化の根本にあると主張してはいるものの、そこには天皇に対する熱い思いは欠けていたし、天皇に忠を尽くすという意志も感じられない。檄のなかでも、天皇に言及した箇所は、すでに引いた一箇所だけである。二・二六事件で、決起した青年将校は天皇に対して昭和維新の断行を迫ったが、三島は天皇に直接訴えかけようとしたわけではなかった。

信仰ということにかんしても、三島にははっきりとしたものはなかった。宗教を否定していたわけではなく、プロの作家としてデビューする前の時代に書いた小説では、キリスト教がモチーフになっていた。あるいは、楯の会のメンバーに生長の家の信者がいて、その創始者である谷口雅春の著作『占領憲法下の日本』(日本教文社)に、三島は序文を書いている。生長の家が作った出版社である日本教文社からは著作も刊行している。また、三島の叔母の一人が天理教の信者で、天理教の雑誌に寄稿していたりした。そこでは、天理教を「非常に明るい宗教」だと評価している。『愛の渇き』などの小説にも天理教の信者が登場する。

自決前の最後の小説となった『豊饒の海』四部作は、それぞれの作品の主人公は輪廻転生したものと設定され、とくに第三部の「暁の寺」では、主人公が唯識《ゆいしき》の思想をめぐって自問自答をくり広げる箇所が出てくる。唯識は、人間のこころのあり方を探求した仏教の思想である。

三島は、自決する前に『豊饒の海』を締めくくる「天人五衰《てんにんごすい》」を書き上げており、「暁の寺」は、その前の作品になる。輪廻転生の考え方は、仏教を含めたインドの宗教の根本的なモチーフであり、唯識思想は日本の南都六宗の代表的な宗派である法相宗の根幹をなす教えである。そうした宗教思想に三島が関心を示したことは注目されるが、輪廻転生はあくまで四部作の異なる主人公を結びつける物語上の仕掛け以上の意味を持たないようにも思われる。唯識の思想が、どこまで三島の精神世界に根を下ろしていたのかもはっきりとは分からない。ほかの作品には登場しないからである。

少なくとも三島は、いかなる宗教にも深く傾倒しなかった。信仰が彼の思想のバックボーンになってはいない。信仰者ではない三島は、神について深く探求したわけではない。

逆に、柳田國男のように仏教嫌いでもなかった。三島も、無宗教を標榜することが多い一般の日本人の宗教観を共有していたと言えるのかもしれない。

自決に終わった三島の思想や行動は、中身を欠いていた。なぜ自衛隊駐屯地に乱入して、自決しなければならなかったのか、そこには他者が理解できるような切実さは見出されなかった。三島の潔い死は評価されるかもしれないが、それでは、行動に賛同し、その後に続こうという人間は生まれようがない。

三島は、「憂国」という短編小説を書き、それを自らの手によって映画化している。映画には台詞がなく、三島が青年将校に扮し、切腹して自決するまでが描かれている。この映画は一九六五年に製作されており、五年後の事件を予見させるものとなった。

ただ、その映画を見ると、三島は切腹という行為にだけ関心を寄せていたようにも感じられる。三島は、事件の一年前に五社英雄《ごしやひでお》監督の映画『人斬り』でも切腹シーンを演じている。

切腹することが目的だとすれば、事件も、そこに至る三島の思想も、さほど意味を持たず、全体は空虚なものに感じられてくる。それは、三島の鍛え上げられてはいても、運動神経を欠いた肉体が示しているものと似ている。最後、三島が首だけになって写真として残されているということは、その思想がいかに観念的なものであったかを象徴している。それは大和魂についての関心の欠乏と裏表の関係にあるのではないだろうか。

## 生きるための倫理道徳

大和魂という考え方は、源氏物語に現れた最初から、日本の外部を意識したものだった。大和魂が発動するのも、外部にある強力な勢力と相対したときだった。それは、第一章で述べた現代における大和魂のあり方にも共通している。大和魂は、普段は鎮まった状態にあり、緊急の事態が起こったときにだけ活性化されるのである。

戦争に敗れた日本では、軍隊は消滅した。自衛隊は、憲法の制約がある以上、通常の軍隊とは異なる。現在の自衛隊が、海外の軍隊と戦闘状態に陥ることは考えられない。三島は、そのことに苛立ちを感じたとも言えるが、戦後の日本は、アメリカの核の傘のもと、戦争を回避し続けてきた。朝鮮戦争もベトナム戦争もである。膨大な軍事費を必要としないことによって、日本の経済は大きく発展し、国民は豊かさを享受できるようになった。

そうなれば、大和魂が叫ばれるのは、スポーツの世界だけのことになる。日本が国として戦うのは、各種のスポーツの試合においてで、選手が果敢な働きをしたときには、大和魂が発動したものとしてとらえられる。だが、一般の日本人選手が活躍したときには、大和魂が持ち出されることはない。海外からやってきた選手が、日本の勝利に貢献したときにのみ、大和魂が発動したととらえられるのだ。

そこには、戦争の時代に盛んに大和魂が強調され、このことばに戦争のことが影を落としている。大和魂を強調すれば、それは戦前への回帰だとも言われる。大和魂と戦争との結びつきがあまりにも強かった反動が、そこには示されている。それは、日本の精神、日本人の精神性ということを大和魂ということばを使って表現することが難しくなったということでもある。

武士道ということばの方が、日本人の精神性を表現するものとして、現在でも広く使われていると言えるかもしれない。武士道への関心は相変わらず高い。武士道も、日本軍がそれを称揚したこともあり、戦争との結びつきはあるが、武士が、日本が対外戦争に乗り出す前の時代の存在であるだけに、大和魂ほどは戦争と結びつかない。

では、今の時点において、日本人の精神性の根源に武士道があると言ってしまっていいのだろうか。

新渡戸は、武士道がすでに過去のものになったという認識を示していた。明治に入り、武士という存在が消滅してしまった以上、それは当然のことである。日本の軍人は現代版の武士であると言うこともできたかもしれないが、軍人も過去のものとなった。自衛隊が武士の魂を持つものではないことは、三島事件が証明している。

そもそも武士道には根本的な問題があった。

新渡戸が『武士道』のなかで強調したのは、忠を尽くすことの重要性であり、その実現のために潔く死ぬことの価値である。

しかし、いつでも潔く死ぬことを覚悟しているということから、生きるための倫理道徳は生まれてこない。危機に直面したときも、すべては潔い死によって解決されてしまうからである。武士道は、どう死ぬのかを説いても、どう生きるのかを説くものではないのである。

武士道というと、『葉隠《はがくれ》』のことが取り上げられることが多い。これは、佐賀鍋島藩の藩士だった山本常朝《つねとも》が武士としての心得を説いたもので、「武士道と云ふは死ぬ事と見付けたり」ということばがよく知られている。

ただ、『葉隠』に示された心得は、武士の日常生活に根差しており、人間関係をどのように取り結ぶかなどについて指南している。その点では、決して潔く死ぬことばかりを説いたものではないが、注目されてきたのはやはり、「武士道と云ふは死ぬ事と見付けたり」の部分である。このことばがなければ、『葉隠』が現代において取り上げられることはないだろう。

日本の社会で長く倫理道徳の根本とされてきたのは、儒教の教え、儒学である。儒教は、中国の孔子にはじまるもので、そこで説かれた生き方は日本でも模範とされてきた。江戸時代において、儒学は幕府公認の学問となり、各藩に作られた藩校でも教授された。それは、国体の考え方を生んだ水戸藩でも共通していた。

儒教の教えの根本には仁義礼智信があるが、日本では忠と孝が重視されてきた。忠は主君に対するもので、孝は親に対するものである。ときに忠と孝は対立することがあり、それをどう解決していくのかということが問題になってきた。

武士道も忠を強調する点で、儒教の考え方に根差している。実際、新渡戸は『武士道』で、儒教の徳である仁や礼にふれていた。ただし新渡戸は、ヨーロッパの騎士道を念頭においていることもあり、名誉を重視し、そこから忠義に最大の価値を置く方向に進んでいる。

## 善悪が分からないモスラ

本居宣長の国学では、儒教の教えは強く批判され、それは漢意にもとづくものとしてまっこうから否定された。宣長が重視したのは、もののあはれを感じるということであり、それは感性にもとづくものであった。どういった感性を持つかが決定的に重要であり、そこでは倫理道徳は問われないのである。

国学でも、水戸学から生まれた国体の考え方でも、日本が他国に優れている原因は、皇統が古代から、さらには神代から連綿と受け継がれ、王朝の交代がなかったことに求められている。しかし、その議論においては、天皇がいかなる政治を行い、一般の人々に対してどのような善行を行ったかということは問われなかった。儒教の観点からすれば、徳のある君主が君臨することで国は治まることになるが、国学にも、国体の議論にもその点は欠けている。天皇がいかなる行いをしたとしても、その善悪は問われないのである。

それは、天皇の神聖性の根拠となる皇祖神、天照大神についても言える。天照大神は、さまざまな神々を生んではいるが、記紀においては神代にしか登場せず、一般の人々に対してどういった点で善をなしたかはどこにも述べられていない。天照大神が高御産巣日神《たかみむすびのかみ》とともに主導した天孫降臨によって日本の国が治まったとはされているが、それ以降、天照大神は積極的な働きを示していない。自らの託宣を受け入れなかった仲哀《ちゆうあい》天皇の命を奪ったことが特筆されるだけである。

宣長は、この世界で起こる出来事について、それを善神と悪神によるものととらえ、悪い出来事については、悪神の禍津日神《まがつひのかみ》によるものとした。そして、禍津日神が悪をもたらすのは仕方のないことで、対処法はないとした。これは、人間の側からの働きかけで善や悪をなすことができないということを意味する。宣長は儒教にもとづく善悪の観念を根底から否定してしまった以上、倫理道徳を説くことはできなかったのだ。

この点に関連して思い出されるのが、怪獣映画の傑作『モスラ』である。映画は一九六一年に公開された。日本の怪獣映画の先駆となった『ゴジラ』がそうであったように、『モスラ』は、当時くり返されていた水爆実験を背景にしていた。蛾が巨大化したモスラは、水爆の実験地域内に想定されたインファント島で生まれた。

インファント島では、ロリシカ国と日本の調査団の手によって二人の小美人《しようびじん》（妖精）が発見され、二人は出し物として日本に連れてこられる。二人は島では神聖な存在で、島民は、二人のために島の神であるモスラに祈りを捧げる。助け出そうとする日本人の新聞記者に対して、二人は「モスラが来るのです」と打ち明ける。その際に二人は、モスラは本能のままに自分たちを助けようとするが、善悪は分からないため、街を破壊するなど甚大な被害をもたらす可能性があると告げる。

モスラは、幼虫の段階でも体長一八〇メートルで、重さは最大時で二万トンあった。成虫になると体長一三五メートルで、翼長は二五〇メートルに達し、重さは一万五〇〇〇トンだった。東京までやってきたモスラは、小美人の予言通り、東京の街を破壊してしまう。本能のままに行動し、善悪は分からない。この設定は、宣長の善悪の考え方にかなり近い。さらに言えば、三島の事件にも通じているように思われる。

ここで注目しなければならないのは、映画には原作があり、「発光妖精とモスラ（大怪獣）」（週刊朝日別冊）という原作小説を書いたのが、戦後派と称される三人の著名な作家、中村真一郎、福永武彦、堀田善衛《よしえ》だったことである。インファント島のインファントは乳児、幼児を意味し、その島民が純真無垢な存在であることを象徴している。物語に登場するロリシカ国は、首都がニューカークとされていた点で、アメリカをモデルにしていることは明らかである。ロリシカ国や、そこからやってきたネルソンという興行主は、徹底して悪玉に描かれている。一九六一年は、日米安保反対で日本が揺れた六〇年の翌年であり、小説は反米的なものだった。

そのことを象徴するように、その最後の部分は、次のように結ばれていた。

いつの日かまた小国インファント島の平和が侵されるとき、反世界からふたたびモスラがもどって来ないとも限らない。だから人々はインファント島がどこにあるかなどとさがしてはならないのである。そんな島がいったいあったのか、などと論じてもいけないのである。モスラが来る！　このことを、中村真一郎、福永武彦、堀田善衞の三人は共同謀議によりここに連名で厳粛《げんしゆく》に宣言する。

この締めくくり方は、いささか子どもじみているようにも感じられる。この部分を書いているのは堀田だが、彼としては前年に安保改定を強行した政府のやり方に憤り、戦争を放棄した日本をインファント島になぞらえ、その平和が侵されることに警告を発しようとしている。インファント島民の生き方は、当時の社会党が提起していた非武装中立を実践するものとして描かれていた。小美人を連れ去ろうとするネルソンたちが銃を発砲しても、島民はいっさい武器を手にすることなく、彼らに立ち向かい、次々と銃の犠牲となって倒れていったのだ。

これは、三島の考え方の対極にあるものだった。だが、善悪を問わないというところでは、三島の思想や国学の伝統と重なる部分を持っている。国学も三島も、実はモスラだったのではないか。そのようにも思えてくるのである。

おわりに

善悪を問題にしない。日本の社会には、そうした伝統があるわけだが、だからといって日本の社会が倫理道徳を欠いた無秩序な社会であったわけではない。

実態はむしろ逆だった。キリスト教を伝えたフランシスコ・ザビエルは、当時の日本について、ゴアに滞在する宣教師らへ宛てた一五四九年一一月五日の書簡で、次のように述べていた。

大部分の人は読み書きができますので、祈りや教理を短時間に学ぶのにたいそう役立ちます。彼らは一人の妻しか持ちません。この地方では盗人は少なく、また盗人を見つけると非常に厳しく罰し、誰でも死刑にします。盗みの悪習をたいへん憎んでいます。彼らはたいへん善良な人びとで、社交性があり、また知識欲はきわめて旺盛です。

彼らはたいへん喜んで神のことを聞きます。とくにそれを理解した時にはたいへんな喜びようです。過去の生活においていろいろな地方を見てきた限りでは、それがキリスト教信者の地方であっても、そうでない地方であっても、盗みについてこれほどまでに節操のある人びとを見たことがありません。（『聖フランシスコ・ザビエル全書簡』河野純徳訳・平凡社）

あるいは、幕末にイギリス公使として来日したオールコックはその著書『大君の都―幕末日本滞在記』（山口光朔訳・岩波文庫）のなかで、「これほど簡素な生活なのに満足している住民は初めて見た」と述べ、日本の自然の豊かさに言及した後に、「住民は健康で、裕福で、働き者で元気が良く、そして温和である」とし、「確かにこれほど広く一般国民が贅沢さを必要としないということは、すべての人々がごくわずかなもので生活できるということである。幸福よりも惨めさの源泉になり、しばしば破滅をもたらすような、自己顕示欲に基づく競争がこの国には存在しない」とも述べていた。

日本の社会が秩序あるものになっていたのは、村という共同体が形成されていたことが大きい。近世に入る段階で、日本各地には村が作られるようになり、そのなかで暮らす一般の庶民は、村の秩序を維持することに精力を傾けた。そこには、村の生業の中心が稲作だったことが関係する。日本の稲作は水田という形態をとったが、個々の田は独立して存在するのではなく、他の田に対しては水路の役割を果たす。そうである以上、稲作は村人が総出で協力して行わなければならず、協調が不可欠だった。それは、漁業や林業にも言える。

そうした村に生活していた人間たちが都会に出ていったわけで、秩序ある暮らしを営む精神は都会でも発揮された。江戸時代になると、武士も戦闘に従事する機会は失われ、今日で言えば、公務員や会社員としての仕事が主になった。上司や同僚といかにうまくやっていくかが問われ、だからこそ、前の章でふれたように、『葉隠』では武士としての生活をうまくこなしていく方法が指南されたわけである。

そのなかで、宗教が果たした役割は大きかった。神社の祭礼は地域共同体の統合をはかる上で重要な役割を果たし、仏教の信仰を取り入れた先祖祭祀は家という共同体の統合に寄与した。

神社で祀られるのは神である。日本の神は、一神教における神のように唯一絶対の存在ではなく、創造神でもなかった。神のなかには、記紀神話に由来するものもあれば、八幡《はちまん》神《しん》のように記紀神話には登場しないものもあった。一九九〇年から九五年にかけて行われた「全国神社祭祀祭礼総合調査」では、神社の系列のなかで一〇番目に多いものが山神社《さんじんじゃ》だったが、それははっきりとした名前を持たない山の神を祀った神社を意味する。

そうした神を、柳田國男が『先祖の話』で述べたように、日本人が祖霊としてとらえていたかどうかは分からない。たとえ、神社で祀られた神が記紀神話に由来するものであったとしても、地域共同体の神であるという認識の方が強かったものと考えられる。そして、各家では先祖の霊を祀った。神や霊が、共同体の統合に大きく寄与してきたのである。

とくに先祖の霊の存在は大きい。家のメンバーが先祖の供養を続けることで、霊はやがて成仏していくと考えられた。そこには仏教や儒教の教えがかかわっていた。逆に、供養を怠れば、霊は子孫に対して祟《たた》り、禍《わざわい》をもたらすと考えられた。そこに、一部の新宗教が果たす役割が生まれた。あるいは、民間の宗教家がそれを担うこともあった。家や個人に禍が起こったとき、新宗教の指導者や民間の宗教家は、それが十分に供養していない先祖の霊の祟りによるものだと指摘し、供養を行うことで禍を取り除くよう指示した。死後の魂のゆくえということは、家という共同体にとって極めて重要な意味を持ったのである。

ただ、今の時代になってくると、そのあたりの事情は大きく変わってきている。もっとも大きいのは、村にしても、家にしても、共同体の果たす役割が大幅に縮小されていることである。とくに都市化が、それに大きく影響した。都市にある地域社会は、共同体としての性格をほとんど持っていない。下町にはその名残があるものの、多くの都市住民は、近隣の人々と頻繁に交わるわけではない。

家もまた、その重要性を失ってきた。農村に代表されるが、家はたんに家族が住む場所ではなく、生産の場であり、経済的な共同体としての機能を果たしていた。そうした社会では、家とかかわらなければ生活が成り立たない。家をもり立て、存続させていくことが、個人の生活に不可欠であり、その分、家の存在は個人に重くのし掛かった。だからこそ、十分に供養されていない先祖の霊の祟りといったことが現実味を帯びたのである。

ところが、都会に成立した家は、自営業などを除けば、生産の場でもなければ、経済的な共同体の機能を果たすことはない。家族は、日中、仕事に出るなり、学校に通うなりして、そもそも家にはいない。家は家族団欒の場ではあっても、その存在がなければ、生活が成り立たないということはなくなった。家族の数も減り、嫁と姑《しゅうとめ》が同居することも少なくなった。そうした家は、長く存続させていく必要がない。柳田の考えた「家永続の願い」は過去のものになった。家の存在が軽くなることで、先祖の霊の祟りといったことはリアリティーを失った。そもそも先祖などいない家も多くなった。

都会では、死者は、家から遠く離れた墓に追いやられた。仏壇がない家も増え、そうなると死者の写真が飾られることもない。家族の生活する家から死者の存在は消えた。生者が死者の存在を意識するのは、墓参りに出かけたときだけである。

日本の宗教の本質は先祖崇拝にあるとされてきた。だからこそ、柳田の祖霊観が受け入れられたわけで、戦後台頭した新宗教のなかにも、先祖崇拝の重要性を説くところが少なくなかった。

ところが、新宗教のなかでもっとも勢力を拡大した創価学会は、先祖崇拝にさほど関心を持たないというところに特徴があった。それを象徴するのが仏壇である。一般家庭の仏壇では先祖の位牌《いはい》が祀られる。ところが、創価学会の会員の家の仏壇には、日蓮の書き記した法華曼陀羅を模写したものが祀られ、それが信仰活動の中心に位置づけられている。創価学会には、霊に対する信仰はほとんど存在しない。それは、創価学会が極めて都会的な、さらには核家族の宗教だからである。

一時はテレビに霊能者と称する人々が登場し、霊の祟りを指摘し、先祖を祀ることの意義を強調したりしていた。だが、今になると、そうした人々はテレビから消えた。そこには、非科学的な事柄をあたかも真実であるかのように扱うことが問題視されてきたからでもあるが、視聴者は霊の存在にリアリティーを感じなくなっていることが決定的なのではないだろうか。

一部では、怪談師と称する人々による「怪談」が流行している。彼らは、不可解な現象について巧みな話術で語っていくが、その背後に霊の存在があると明言することは少ない。そこが、かつての霊能者とは異なる。怪談の世界からさえ、霊はその姿を消しつつある。

霊への関心が失われていくことは、霊魂とも言われるように、魂への関心をも失わせることにつながっていく。前の章で見たように、武士道で称揚《しょうよう》される死に際しての潔さを自ら実践した三島由紀夫は檄のなかで自衛隊員に武士の魂が宿っていることを願ったが、自らの魂については言及しなかった。吉田松陰のように、自らの内にある大和魂が死後にも残り続け、志を遂げていくといった発想は、三島にはなかった。すでにその時点で、今から半世紀前のことになるわけだが、大和魂を強調することは難しくなっていたのである。

折口信夫の大嘗祭において新しい天皇が天皇霊を身につけるという説が、近年において神道学の研究者によって強く否定されるようになったのも、そうしたことが関係している。折口説をあくまで擁護しようとする者も現れない。天皇は、大嘗祭において神に対し神饌《しんせん》を捧げただけだとされているのである。

近世から近代にかけての日本の社会においては、魂や霊、霊魂ということに強い関心が集まり、日本人の精神を象徴するものとして大和魂が叫ばれた。明治に誕生した近代の日本社会は、同時に大和魂の帝国でもあったからだ。

霊や魂、そして大和魂に関心が向けられなくなっている状況のなかで、では、日本人の精神性はどこに求められるのだろうか。それは、新渡戸稲造が問われたことに立ち戻ってしまったかのようにも見える。

これは、日本に限らず世界的な現象であるが、宗教に対する信仰は失われつつあり、「宗教消滅」という方向に向かっている。これについて、拙著『宗教消滅―資本主義は宗教と心中する』（SB新書）で論じた。日本の宗教についても、平成の三〇年間で、各宗教団体は大幅に信者の数を減らしている。伊藤博文は、宗教が日本国家の機軸にはなり得ないと判断したわけだが、その傾向はますます進んでいる。

では、伊藤が考えたように、皇室が日本国家の機軸になり得ているのだろうか。

半面では、なり得ていると言える。皇室の存在は国民に広く受け入れられているからである。日本国憲法において「象徴」と位置づけられた天皇が存在することで、日本は共和制を採用し、大統領を選出する必要がない。世界各国で大統領という存在が問題視されるなかで、社会の統合に天皇と皇室が果たしている役割は大きい。

だが、現代では、天皇を神として崇《あが》め、絶対的な忠の対象としてとらえることはなくなっている。天皇を貴いと感じるのは、象徴としてのあり方に忠実で、常に国民のことを考えて行動していると見なされているからである。こうした天皇のあり方は、むしろ儒教によって説かれた徳治《とくち》主義にもとづいている。

魂が失われるということは、個人で考えてみれば、その本質が失われるということにつながる。かつて大嘗祭を経ていない天皇が半帝と呼ばれたのも、そこには天皇霊が宿っていないと考えられたからである。大和魂を失った日本人は、それでも日本人足り得るのか。昨今のさまざまな出来事を見回してみると、どうしてもそうした疑問を感じてしまう。

フランスの哲学者ルネ・デカルトは、「我思う故に我あり」とし、人間は霊と肉からなるとする霊肉二元論を唱えた。思う主体は霊であり、それが西欧哲学で決定的な重要性を与えられた自我の基盤となった。肉体は、自我の容れ物であり、重要なのは霊の方である。

このデカルトの考え方と、これまで取り上げてきた日本における霊魂観には近いものがある。大和魂は、肉体という容れ物のなかにあって、生きている人間を動かすだけではなく、死後には肉体を離れ、生き続け、志をまっとうしようとする。魂を失ってしまえば、志も消え去ってしまうのである。

現代の私たちは、自己の内側に魂が宿っているとは考えていない。なかなかそのようには考えられないとも言える。自分の中心、核心に何か自分を支えているものがあるということを実感できない。

それは、死後における自らの魂のゆくえにも及んでいく。西方極楽浄土に生まれ変わるということを真剣に願うわけではなく、また、祖霊となって子孫のことを見守るとも考えない。墓なり納骨堂なりに留まるとは考えられるかもしれないが、感覚としては、生きている間に引っ越し、別の場所で生活することとさして変わらない。

私たちは魂というものを失ってしまったのだろうか。それは、私たちが依って立つ基盤を失い、大義を持つことができず、守るべきものを持たないことに通じていく。

だがそれは一方で、私たちに軽やかさを与えてくれている。私たちは自分たちを縛っていた重いものから解放されたようにも感じている。少なくとも、家の重みから解き放たれたことは大きい。

私たちの生き方は、いつの間にか大きく変わってしまった。大和魂からの解放は、日本人であることを強く意識しなくてもすむようになったことを意味する。

日本で開かれたラグビーのワールドカップ2019で、日本チームは活躍し、決勝トーナメントにまで進んだ。日本が予選で勝ったアイルランドやスコットランドは、これまで幾度も決勝トーナメントに進んでいるが、スコットランドが一度ベスト4にまで進んだだけで、アイルランドは一度もそこまで勝ち進めていない。その点では、日本チームは破格の活躍を示したことになる。

ラグビーでは、国籍主義がとられず、ナショナルチームには、さまざまな国籍を持つ、多様な国からやってきたメンバーが含まれる。日本チームも、それは同じだった。これまでなら、そうした選手が活躍した場合、大和魂が持ち出されることになった。ところが、今回は、その点があまり強く言われることはなかった。あるいはそこに、時代の変化というものがかかわっているのかもしれない。

ただ、今回の日本チームで、今後を考える上で示唆的な事柄があった。海外からやってきて日本のチームに加わった監督や選手が、チームを一体化させるために、大和魂にかかわるようなアイテムを活用することがあったのだ。

代表チームは六月に宮崎で強化合宿を行っていたが、一五日に宿舎内のミーティングルームが公開された。そこには、前の年にチームに「合流」したという甲冑《かっちゅう》が飾られていた。選手からの公募で、「カツモト」と名づけられたが、その名前は映画『ラストサムライ』で渡辺謙が演じた勝元盛次《かつもともりつぐ》に由来する。ほかにも代表戦で活躍した選手の名を刻んだ刀なども、そこには置かれていた。

ジェイミー・ジョセフ・ヘッドコーチは、これについて、「視覚的に刺激を与えるようにしている」と語った。チームのうち、半数近くが海外出身である。そうした人間たちを結束させるためには、「国の1人として戦う意識を持つ。歴史を感じ、過去から現在につなげる」必要があるというのだ（『日刊スポーツ』二〇一九年六月一六日付）。

強化合宿は七月まで続いたが、それを打ち上げた後の七月一七日、代表チームは、宮崎県日向市にある大御《おおみ》神社を訪れた。そこに、日本最大級の「さざれ石」があるからだ。これは、主将のリーチ・マイケルなどリーダー陣が発案したもので、さざれ石を実際に目にすることで、それが歌われている君が代への理解を深めるのが目的だった。選手たちは、さざれ石の前で君が代を歌った（『産経新聞』同年七月一七日付）。

もし、こうしたことを日本ラグビー協会の側が仕向けたとしたら、それは強制ともなり、周囲から批判されることになったかもしれない。だが、コーチや選手が自発的に行ったことなので、その意味は違う。

生まれた国ではない日本のためにチームとしての結束をはかるには、シンボルとなるアイテムが必要である。そのアイテムは、日本人の精神が宿っているものでなければならない。ここでは、大和魂ということばは登場しないが、大和魂をかためることで、チームの結束がはかられたことになる。

しかし、問題は日本に生活する日本人自身である。

新型コロナウイルスの流行は世界に広がり、日本でも多くの感染者、死者が出た。

それぞれの国では、未知の感染症に対する考え方の違いがあり、対策も国によって異なった。そして、各国では、ほかの国がどう対応しているのかに強い関心を寄せ、ときにはそれを参考にしたり、逆に批判したりもしてきた。

その意味で各国は、新型コロナウイルスの流行に有効な対策を立てるとともに、ほかの国に恥じない姿勢を取ることを自ずと求められた。

たしかに、ウイルスに感染したときの症状は、相当に重く、本人には苦しい状況が続いた。軽症とされても、体験者の話を聞く限り、相当に厳しい状態に追い込まれるらしい。

しかも、ウイルスは目に見えない。感染しても無症状の人が少なくないため、余計、自分も感染しているのではないかという恐れの気持ちが湧き上がってくることになる。

超長寿社会に生きるようになった私たちは、ここに至って改めて「死」に直面することとなった。いつ死ぬかわからない。それを体で感じることとなったのである。

死に直面したとき、死を恐れないで生きることができるかどうか、それを問われることとなった。それは、大和魂を固めることができるかどうかということでもある。

今回は、情報化社会での出来事でもあり、さまざまな情報が行き交った。そこには正しいものもあれば、偽りのものも含まれ、真偽の判断は相当に難しいものとなった。

専門家の言うことさえまちまちで、どれを信じてよいかわからなくなった。

ここで私たちは、専門家の知性に依存してしまうのではなく、知恵を発揮し、事態を冷静に観察し、自ら判断していかなければならない。はからずも、知性に対する知恵である大和魂を発動させなければならない状況に立ち至ったのである。

大和魂を強調した本居宣長や平田篤胤といった国学者は医者でもあった。もしこの二人が、この時代に甦ったとしたら、ウイルスに対する現代社会の対応と、人々の反応をどのようにとらえただろうか。

私たちは今、大和魂を固めるべき状況に直面しているのである。

島田裕巳《しまだひろみ》

宗教学者、作家。1953年、東京都生まれ。東京大学大学院人文科学研究科博士課程修了。放送教育開発センター助教授、日本女子大学教授、東京大学先端科学技術研究センター特任研究員などを歴任。主な著書に、『葬式は、要らない』『浄土真宗はなぜ日本でいちばん多いのか』『靖国神社』（以上、幻冬舎新書）、『創価学会』『世界の宗教がざっくりわかる』（共に新潮新書）、『0葬』（集英社）、『映画は父を殺すためにある』（ちくま文庫）など多数。


# 大和《やまと》魂《だましい》のゆくえ

二〇二〇年六月一〇日 第一刷発行

インターナショナル新書〇五四

著者 島田裕巳《しまだひろみ》
発行者 田中知二
発行所 株式会社 集英社インターナショナル
〒一〇一-〇〇六四 東京都千代田区神田猿楽町一-五-一八
電話 〇三-五二一一-二六三〇
発売所 株式会社 集英社
〒一〇一-八〇五〇 東京都千代田区一ツ橋二-五-一〇
電話 〇三-三二三〇-六〇八〇（読者係）
〇三-三二三〇-六三九三（販売部）書店専用
装幀 アルビレオ
印刷所 大日本印刷株式会社
製本所 加藤製本株式会社




ISBN978-4-7976-8054-6 C0221

# インターナショナル新書

032
## 縄文探検隊の記録
夢枕 獏
岡村道雄
かくまつとむ 構成

遺跡・遺物から推論する文化的で豊かな暮らし、空海の密教と縄文の神々の関係、古代日本に渡来した人々の正体など、縄文研究の最先端を紹介する。

034
## へんちくりん江戸挿絵本
小林ふみ子

現代の漫画に通じるトンデモな発想が江戸にあった。遊里に遊ぶ神仏、おかしな春画…京伝、北斎、南畝ら異才による「へんな和本の挿絵」の見所を解説。

036
## 三河吉田藩・お国入り道中記
久住祐一郎

古文書から読み解く参勤交代のリアル！ 集合は真夜中！ 道中で殿様が死んだら？ 食事と宿はチケット制！ 江戸に旅行代理店？ 磯田道史氏推薦。

045
## 新説 坂本龍馬
町田明広

龍馬は薩摩藩士だった!? 亀山社中はなかった？ など、最新の知見が満載！ 歴史学者が史料を基に、坂本龍馬の実像に迫る。

048
## 戦国、まずい飯！
黒澤はゆま

干飯、ぬか味噌汁、芋がら縄……。歴史小説家が膨大な文献にあたり、戦国時代の料理を再現し、実食！ 果たしてその味は、やっぱりまずいのか？

インターナショナル新書

053

井手英策

# 欲望の経済を終わらせる

新自由主義がなぜ必要とされ、広がり、影響力を持つことができたのか、歴史をつぶさに振り返り、スリリングに解き明かす。政府の介入を小さくし、経済のグローバル化も起きた結果、格差と貧困、分断が広がった。

その反省を踏まえ、お金儲けではなく、共同体の「秩序」と深く結びついていた経済本来の姿に立ち返り、経済成長がなくても安心して暮らせる財政改革を提言。

貯金ゼロでも不安ゼロ、何があってもおびえなくてすむ社会に！　自由に生きるための必読の書！

インターナショナル新書
055

町山智浩

# 映画には「動機《ワケ》」がある
## 「最前線の映画」を読む Vol.2

面白い映画、すごい映画にはかならず作り手の「動機」が隠されている！　そして、それが分かれば映画はもっと面白くなる！

大好評『「最前線の映画」を読む』シリーズ第2弾では、モンスター映画にして最初のアカデミー作品賞を受賞した『シェイプ・オブ・ウォーター』を初めとして、『スリー・ビルボード』『ファントム・スレッド』『ROMA／ローマ』『パターソン』『魂のゆくえ』など、全12作品が組上に！